돈이 되는 서울 아파트, 지금 당장 사라

돈이 되는 서울 아파트 지금 당장 사라

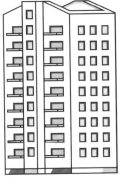

김태현 지음

서울 아파트가 폭등할 수밖에 없는 이유

북카라반
CARAVAN

머리말

서울 아파트를
사야 하는 이유

코로나19 바이러스로 인해 전 세계의 경제 상황이 좋지 않다. 경제 위기를 극복하기 위해 전 세계가 재정 확대 정책을 펼치고 있다. 우리나라도 예외는 아니다. 위기에 대응하려고 재정 확대 정책과 경기 부양책을 쏟아내고 있다. 이런 경제 위기 상황 속에서 서울과 수도권, 지방까지 집값이 상승하고 있다. 역대 최저 기준 금리 0.5%와 정부의 재정 확대 정책으로 시중에 사상 최대의 통화량이 급격하게 늘어나고 있다.

지금은 돈이 갈 곳을 찾지 못하고 있다. 정부는 수많은 부동산 고강도 대책을 내놓고 있지만, 모든 돈이 부동산으로 흘러 들어가고 있다. 돈은 돈이 되는 쪽으로 흘러 들어간다. 우리나라 부동산 가격의 역사적 흐름을 볼 때 부동산은 실물자산 중에서 가장 안전하다. 부동산 중에 서울, 서울 중에 강남, 강남 중에 신축 아파트

5

로 돈이 몰리고 있다. 이런 상황에서 서울 아파트 가격은 연일 상승하고 있다.

서울 아파트 가격을 잡기 위해 정부는 7·10 부동산 대책까지 무려 22번째 부동산 정책을 발표했다. 부동산 정책이 발표되면 될수록 집값은 오히려 잡히지 않고 오른다. 현재 부동산 시장은 많은 혼란을 겪고 있다. 심지어 임대차 3법과 임대차 5법까지 추진하고 있는 상황이다. 이 법의 소급 적용에 대해서도 많은 사람의 반발을 불러일으키고 있다.

아파트 가격이 떨어지면 아무도 관심을 갖지 않는다. 그러나 아파트 가격이 연일 상승하면 그제야 관심을 갖는다. 이런 상황을 보면 사람들이 두려워할 때, 불안 심리가 자극될 때, 부정적인 언론 보도 등 아무도 거들떠보지 않을 때, 내 집 마련의 절호의 기회임을 알 수 있다.

부동산에 관한 질문 중에 가장 많이 하는 질문이 있다. 첫 번째, 아파트 가격이 너무 많이 올랐는데, 내 집 마련은 꼭 해야 하나요? 두 번째, 내 집 마련을 하지 않고 전세로 살면 되지 않나요? 세 번째, 내 집 마련 후 원금과 이자를 상환해야 하는데, 너무 부담스럽지 않나요? 앞으로도 이런 질문은 계속될 것으로 보인다.

현재 서울 아파트에 대해서 관심이 높다. 이 책은 수많은 데이터를 바탕으로 서울 아파트의 미래 가치를 분석했다. 서울 아파트 가격이 상승하는 이유와 전망에 대해서 객관적으로 분석했다. 언제 아파트를 사야 하는지, 언제 아파트를 팔아야 하는지, 어떠한 원리로 아파트 가격이 오르는지, 아파트 가격의 역사적 패턴은 어떠한지 등 우리의 대응은 어떠해야 하는지에 대해서 이야기를 하고 싶었다.

나는 많은 사람에게 도움을 주고 싶었다. 이 책은 서울 아파트의 전망과 어떠한 기준과 원칙을 가지고 서울 아파트를 구매해야 하는지에 대한 가이드라인을 누가 읽더라도 이해하기 쉽게 집필되었다. 이에 대해 통계청 등 정부기관 자료, 은행과 각종 연구소의 자료, 실제 팩트를 기반으로 명확하게 근거를 가져와 이 책을 집필했다. 내 집이 없는 사람들에게 많은 도움이 될 것으로 자부한다.

서울에 내 집이 없다고 많은 사람은 실망감이 갖고 있을 것이다. 그러나 기회는 늘 존재한다. 자기 자신을 믿고 목표를 세우고, 계획을 세우고, 실천하며 한 단계씩 준비하면 된다. 그 과정 속에서 고통을 느낄 수도 있다. 포스트 코로나19 이후 세상의 변화 속도는 매우 빠르고, 180도로 완전히 뒤바뀔 것이다. 서울 아파트가 영원히 오르는 건 아니다. 산이 높으면 골도 깊은 법이다. 영원히 가는 건 없다. 이런 변화의 흐름 속에서 그 변화에 뒤처지지 않도록 대응하고 노력해야 할 것이다. 이제 내 집 마련은 꿈이 아니다.

2020년 7월

김태현

차례

제3장 서울 아파트를 이해할 수 있는 빅데이터

제4장 서울 아파트의 역사적 패턴

제1장

서울 아파트의
특징

서울은 아파트를 지을
땅이 없다

땅은 한정된 자원으로 늘릴 수 없다. 서울은 아파트를 지을 수 있는 땅이 부족하다. 땅이 부족해 아파트 공급이 쉽지 않다. 부동산의 큰 특징은 2가지다. 첫 번째는 움직이지 않는 부동성浮動性이다. 토지의 위치는 인간의 힘으로 이동할 수 없다. 두 번째는 부증성不增性이다. 즉, 토지라는 재화는 제품처럼 찍어낼 수 없다. 생산이 불가능한 재화다.

　　부족한 토지를 대체하기 위해서는 재개발과 재건축으로 아파트를 공급해야 한다. 그런데 최근 정부의 부동산 정책 규제로 인해 사업이 연기되거나 취소되고 있다. 아파트가 부족해 아파트 가격이 상승하고 있다. 또한 전세 시세도 상승하고 있다. 앞으로 서울은 땅이 없어 아파트 공급이 어려울 것이다.

　　〈표 1-1〉은 지역별 공공 택지 매각 현황이다. 이명박 정부

<표 1-1> LH 2010~2018년 지역별 공공 택지 매각 현황

	이명박 정부			박근혜 정부				문재인 정부		총계
	2010	2011	2012	2013	2014	2015	2016	2017	2018	
전국	1,909	5,444	4,012	4,838	7,885	7,474	4,599	3,615	2,214	41,990
서울	40	80	59	113			291	42		625
경기	869	1,905	1,692	1,501	4,020	3,865	2,298	1,869	1,107	19,126
인천				20	354	402	317	365	536	1994
수도권	908	1,986	1,751	1,634	4,374	4,267	2,907	2,276	1,642	21,745

단위: 1,000㎡, 출처: LH

부터 문재인 정부까지 LH가 매각한 택지 면적이다. 2010년부터 2018년까지 서울의 공공 택지 매각 면적은 총 62만 5,000㎡다. 경기도의 공공 택지 매각 면적은 1,912만 6,000㎡다. 서울과 무려 30배 이상 차이가 난다. 경기도는 아파트를 지을 수 있는 땅이 풍부하다. 아파트가 부족하면 일시적으로 공급을 늘릴 수 있다. 반면에 서울은 아파트를 공급하기에 역부족이다. 아파트 공급 부족 실태는 〈그림 1-1〉을 보면 더 쉽게 이해할 수 있다.

택지 지정과 공급 현황을 연도별로 보면, 〈그림 1-1〉과 같이 2008년부터 2010년까지는 서울의 택지 지정과 공급이 평균 정도다. 여기서 알 수 있듯이 택지가 공급되고, 아파트 분양 후 대략 2~3년 이상 소요된다. 그런데 문제는 2013년부터 2018년까지 택지 공급이 거의 없는 상태라는 것이다. 박근혜 정부가 출범한 후 많은 변화가 일어났다. 그 중 하나가 2013년 4·1 부동산 대책이다.

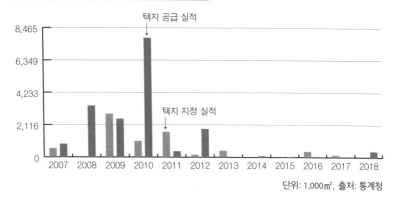

〈그림 1-1〉 서울의 택지 지정 및 공급 현황

단위: 1,000㎡, 출처: 통계청

당시 경기가 회복될 시점이었다.

4·1 부동산 대책은 2기 신도시 이후 택지 개발 예정지를 지정하지 않고, 보금자리주택을 연 7만 호에서 5만 호를 줄여 2만 호를 공급한다는 내용이 핵심이다. 부동산 투자 수요를 끌어들이기 위해 9억 원 이하 신규 및 미분양 주택 취득 시 5년간 양도소득세 면제가 포함되었다. 이로 인해 지방 투자자까지 서울과 수도권에 본격적으로 투자를 했다.

2013년 경기 회복과 동시에 부동산 시장이 회복되기 시작했다. 주택 가격이 상승하자 수요와 공급의 법칙에 따라 공급이 증가하게 되었다. 그러나 부동산은 특성상 비탄력적非彈力인 재화이며, 가격이 오른다고 해서 쉽게 공급하기는 어렵다. 택지부터 인허가를 거쳐 준공에 이르기까지 상당한 기간이 소요된다.

〈표 1-2〉는 LH 미매각 토지 보유 현황이다. 서울·경기·인천의 수도권과 전국으로 나누어볼 수 있다. LH가 보유한 전국 미매각

<표 1-2> LH 미매각 토지 보유 현황

	서울	경기	인천	전국	수도권	비수도권
토지 면적(1,000㎡)	31	5,309	1,467	19,582	6,807	12,775
토지 비율(%)	0.2	27.1	7.5	100	34.8	65.2
공공 택지 면적(1,000㎡)	19	1,123	793	2,850	1,936	915
공공 택지 비율(%)	0.7	39.4	27.8	100	67.9	32.1

출처: LH

토지 면적을 100%로 보면, 수도권 공공 택지 비율은 67.9%다. 〈표 1-2〉와 같이 서울의 토지 비율은 0.2%, 공공 택지 비율은 0.7%밖에 안 된다. 반면에 경기와 인천의 비율을 합치면 60%가 넘는다. 다시 말해 경기와 인천의 LH 미매각 토지는 풍부한 상태다.

서울 아파트 가격을 안정화시키기 위해 2018년 11월 정부는 토지가 풍부한 수도권과 인천에 3기 신도시 계획을 발표했다. 과천, 남양주 왕숙, 하남 교산, 인천 계양 테크노밸리가 100만㎡ 이상 대규모 택지 지구로 지정되었다. 이 지역들은 서울시 경계에서 2㎞ 떨어진 지역이다. 1기 신도시보다 서울과 가깝고 접근성이 좋다.

그러나 중요한 것은 서울에 살고 싶어 하는 사람이 많다는 것이다. 좋은 교육환경과 교통환경을 누리며 직장 근거리에 살고 싶기 때문이다. 3기 신도시 개발로 대규모 물량이 쏟아져나올 것이 예고되어 있고, 실수요자들의 청약 기회는 열려 있다. 그러나 3기 신도시 주택 공급을 하기 위해 수많은 절차가 남아 있다. 주민 설득부터 시작해 토지 보상을 하는 데 시간이 걸린다. 토지 보상이 완료되면 시공사를 선정해 택지 조성을 해야 한다. 이것으로 보아 3기 신도시에 아파트를 준공하는 데는 최소 5년 이상의 시간이 걸릴 것이다. 5년이란 시간 동안 서울은 아파트 부족으로 가격이 우상향으로 상승할 것이다.

우리가 두려워해야 할 부분이 바로 아파트 공급 부족이다. 앞으로 서울시는 아파트 분양 물량이 급감하는 공급 부족 시기가 다가온다. 이 시기에는 무주택자들이 피해를 본다. 왜냐하면 무주택자가 전세를 살고 있기 때문이다. 2년 후 계약 완료 시점에 집이 부족해 전세 가격이 상승한다. 전세 재계약 시 전세자금 대출을 받아서 연장한다. 전세자금 대출 금액이 올라가기 때문에 이자가 늘어나 부담이 된다. 그나마 전세자금 대출을 받아 기간을 연장했다면 다행이다. 폭등한 전세금을 감당하지 못해 서울 외곽이나 경기, 인천 지역으로 밀려나갈 수 있다. 최악의 경우에는 빌라, 연립, 다세대주택에 거주할 수도 있다.

아파트 공급 부족의 시기에 대비해야 한다. 서울시는 최소 5년 이상 아파트가 부족할 것으로 보인다. 서울의 아파트 분양에 관심을 가져야 한다. 절대 포기해서는 안 된다. 분양 받을 수 있는 자금과 대출을 활용해 분양에 도전해야 한다. 아파트 분양에 실패했다면, 포기하지 말고 기존 아파트를 매수하는 방법이 있다. 앞에서 언급한 것처럼 3기 신도시에서 아파트 준공과 입주까지 최소 5년 이상은 걸린다. 더욱이 10년이 될지는 좀더 두고 봐야 한다.

서울 아파트의 공시지가는
20년 동안 상승해왔다

땅은 건물(재건축, 재개발 등)과 다르게 수명이 없다. 하나의 땅에 대해 무한정 거래가 가능하다. 지상물이 없어져도 땅은 고스란히 남는다. 천재지변이나 지각변동이 일어나지 않는 한 땅은 사라지지 않는다. 그렇다면 땅값이 오르는 이유는 무엇일까?

토지라는 재화는 한정되어 있기에 늘릴 수 없다. 우리나라는 땅 자체가 크지 않다. 거기에 국토의 70%가 산지로 이루어져 있다. 그중에서 5%만 집을 지을 수 있다. 서울의 인구밀도는 경제협력개발기구OECD의 대도시 중에서 가장 높다. 도쿄의 약 3배, 뉴욕의 약 8배다(〈표 1-3〉). 좁은 땅덩어리에 많은 사람이 빽빽하게 모여 산다. 사람이 모이는 곳은 저절로 땅값이 오른다. 서울의 공시지가는 지속적으로 상승해왔다.

도시 용지(토지 중에서 주거·상업·공업 용지 등으로 활용되거나 활용될 수 있

돈이 되는 서울 아파트, 지금 당장 사라

<표 1-3> OECD 국가 제1도시 인구밀도

순위	도시	1㎢당 인구밀도
1	서울·인천	1만 6,700명
6	런던	5,100명
7	도쿄·요코하마	4,750명
10	베를린	3,750명
12	파리	3,550명
17	로마	2,950명
20	토론토	2,650명
25	시드니	2,100명
27	뉴욕	2,050명
30	룩셈부르크	1,600명

출처: 국토연구원 세계 도시 정보

도록 용도가 지정된 땅)와 산업 용지(나대지뿐만 아니라 건축물이 건설되어 있는 땅도 포함)는 지속적으로 필요하며, 용도변경으로 건축물의 기존 용도를 포기하고 사용 목적을 바꾼다. 그렇게 해서 땅의 가치가 높아진다. 최근 3기 신도시 발표로 막대한 토지 보상금이 지급될 예정이다. 이 토지 보상금은 대부분 주변 부동산 시장으로 유입된다. 대규모 토지 보상금이 풀리면 결국 인근 지역의 땅값이 올라간다.

〈그림 1-2〉와 같이 서울 강남의 토지 시세와 공시지가는 30년 동안 우상향으로 상승해왔다. 새 아파트는 오래된 아파트보다 비싸다. 3.3㎡당 4,000만 원 이상으로 분양하는 아파트가 있는데, 이렇

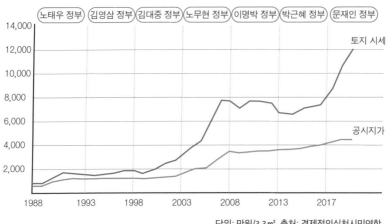

<그림 1-2> 서울 강남 지역 주요 단지 토지 시세와 공시지가

노태우 정부　김영삼 정부　김대중 정부　노무현 정부　이명박 정부　박근혜 정부　문재인 정부

토지 시세

공시지가

단위: 만원/3.3㎡, 출처: 경제정의실천시민연합

게 분양가가 비싼 이유가 대체 무엇일까? 아파트는 토지 가격이 절
반을 차지하고, 나머지가 건축비와 기타 부대비용이다. 건축비는 인
건비와 자재비로 구성되어 있다. 현재 지어지는 아파트는 과거에
지은 아파트보다 비싸지는 게 당연하다. 토지 시세가 지속적으로
상승하고 인건비와 자재비가 올라가기 때문이다.

　　건물을 짓고 시간이 지나면 감가상각에 의해 가치가 떨어진
다. 구매 후 중고가 되어 시간이 지날수록 가격이 하락하는 자동차
와 같다. 통상 30~40년이 지나면 감가상각이 되어 건물값은 거의
남지 않는다. 오로지 땅값만 남는다. 여기서 중요한 사실은 건물이
감가상각될수록 땅값은 올라간다는 것이다. 서울의 토지 가격은
연평균 2.5% 이상 상승해왔다. 특히 강남은 연평균 5% 이상 상승
했다. 입지가 좋은 곳은 상승 폭이 크다. 강남 재건축 아파트가 비

돈이 되는 서울 아파트, 지금 당장 사라

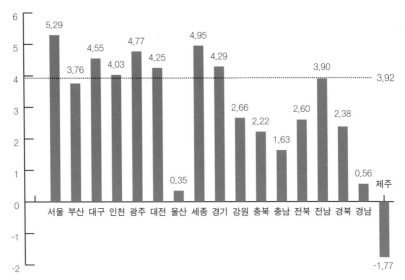

<그림 1-3> 2019년 연간 지가 변동률

단위: %, 출처: 국토교통부

싼 이유이기도 하다.

　부동산에서 토지는 50% 이상을 차지한다. 도시형 생활주택 이나 오피스텔 같은 주거시설은 대지 지분이 적다. 부동산을 선택 할 때 이 기준으로 한다면 실패할 확률이 낮아진다. 연식이 오래되 거나, 대지 지분이 많은 아파트를 손품을 팔아 검색하면 저평가된 아파트가 있다. 서울에서 20년 이상 되고 대지 지분이 많은 아파트 를 매수하는 방법도 있다.

　2019년 전국 기준으로 서울의 땅값이 가장 많이 올랐다(〈그림 1-3〉). 서울은 5.29%로 전국 평균 3.92%보다 대략 1.3%p 이상 상 승률을 기록했다. 서울은 땅이 부족해 앞으로 많은 변화가 일어날

서울 아파트의 특징

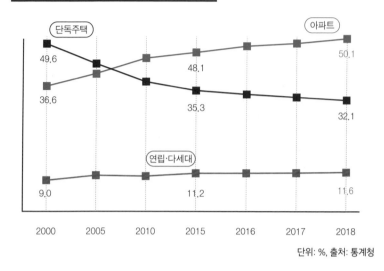

단위: %, 출처: 통계청

것이다. 그 이유는 〈그림 1-4〉를 보면 알 수 있다.

　서울의 주택 시장은 아파트로 이루어져 있다. 재개발, 재건축, 뉴타운, 도시정비사업 등 주거 유형으로 아파트를 짓고 있다. 단독주택의 비중은 점점 줄어들고 있다. 아파트의 비중과 단독주택의 비중은 완전히 다른 방향으로 가고 있다. 아파트 가격이 상승한다는 언론의 뉴스는 나오지만 단독주택에 대한 뉴스는 거의 없다. 단독주택은 시세 파악이 어렵기 때문이다.

　서울의 단독주택 비중은 증가한 적이 없고 줄어들기만 했다. 아파트는 늘기만 하고 단독주택은 줄기만 한다. 그렇다면 단독주택 가격이 떨어질까? 절대 아니다. 바로 땅에 대한 희소성 때문이다. 서울이라는 제한된 공간에서 어떤 주택은 늘어나고 어떤 주택은 줄어들고 있다.

단독주택은 시간이 지날수록 가격이 상승한다. 즉, 땅값이 상승한다. 서울의 땅값 기준은 단독주택지 $3.3\,m^2$의 가격이다. 서울의 입지 좋은 곳에 투자하면 좋다. 누구나 다 알고 있는 사실이지만, 일반인들이 접근하기는 어렵다. 입지 좋은 땅은 매물이 거의 없다. 단독주택을 철거해 건축물을 계속 짓고 있다. 단독주택을 철거해 층수가 높은 빌라를 지을 수 있고 아파트를 지을 수도 있다.

　　반면에 아파트를 철거해서 빌라를 지을 수 있을까? 절대 그럴 수 없다. 돈이 안 되기 때문이다. 미래 가치란 개발과 연관되어 돈이 되냐 안 되냐를 보는 것이다. 건물을 수직으로 높이 올리면 미래 가치가 높아진다. 즉, 단독주택이건 아파트건 층수가 높을수록, 대지가 넓을수록 미래 가치는 높아진다.

우리나라의 일자리는
서울에 집중되어 있다

부동산 투자에서도 1순위는 모두가 선호하는 입지 좋은 곳이다. 특정 지역을 선호하는 데에는 여러 이유가 있다. 상권이 잘 발달된 지역일 수도 있고, 소득이 높고 양질의 일자리가 풍부한 지역일 수 있다. 교육환경이 좋아야 하고 공원과 같은 휴식 공간도 잘 갖춰져야 한다. 장점이 많고 살기 좋고 사람들이 선호하고 사랑을 받는 곳이 바로 입지가 좋은 곳이다.

우리나라의 대기업과 중견기업 일자리는 서울에 집중되어 있다. '좋은 입지=중심지'라는 말이 성립한다. 서울이 그렇다. 서울에서도 특히 강남이 그렇다. 급여가 많은 양질의 일자리가 많다. 사람들이 몰려들어 주변 상권이 발달했다. 서울의 사업체 종사자 수는 〈그림 1-5〉와 같다.

2015년 서울의 구별 사업체 총 종사자 수 1위는 강남구로 약

<그림 1-5> 서울의 구별 사업체 총 종사자 수

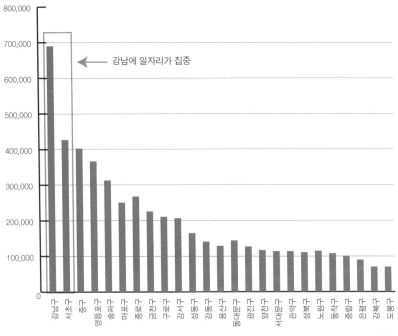

단위: 명, 출처: 서울 열린 데이터 광장

69만 명이다. 사업체 종사자 수가 적은 곳은 강북구와 도봉구로 각 각 약 7만 명 수준이다. 서울시 총 사업체 종사자 수는 약 500만 명으로 서울시 인구 1,000만 명의 절반 수준이다.

결국 급여 생활자는 직장과 가까운 거주지를 선호한다. 지하 철 역세권 아파트에 거주하면서 환승 없이 20분 내 직장에 도착할 수 있다면 좋다. 그런데 역세권 아파트는 가격이 비싸다. 회사가 가장 많이 몰려 있는 강남과 종로까지의 접근성이 최우선이다. 지 하철로 보면 1·2·5·7·9호선 부근으로 신분당선 등과 연결되는 지

서울 아파트의 특징

<그림 1-6> 서울에서 일자리가 집중된 지역

출처: 서울시 사업체 데이터(2009년)

역이 주거지로 각광을 받고 있다. 여기에 있는 대부분의 아파트는 수요가 많고 공급이 한정되어 있어 비싸다.

이것은 서울에서 일자리가 집중된 지역을 나타낸 〈그림 1-6〉을 보면 더 쉽게 이해할 수 있다. 색깔이 짙은 곳일수록 일자리가 집중된 지역이다. 강남역과 삼성역 주변이 양질의 일자리와 연봉이 높은 지역이다. 지하철 노선으로 보면 서초역, 교대역, 강남역, 역삼역, 잠실, 선릉역, 삼성역까지 전부 2호선에 총 7개 역이다. 지하철은 서울 시민이 가장 많이 이용하는 대중교통 수단이다. 〈그

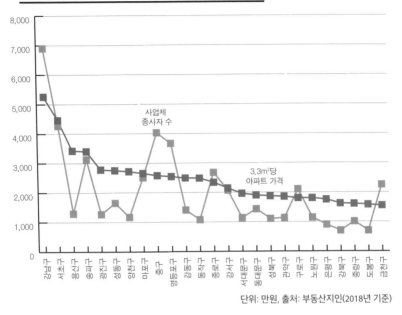

<그림 1-7> 사업체 종사자 수 VS 3.3㎡당 아파트 가격

단위: 만원, 출처: 부동산지인(2018년 기준)

림 1-6〉과 같이 지하철을 타고 가장 많이 가는 곳은 2호선 지역이다. 1일 지하철 이용 승객 수는 1~3위가 모두 2호선이다.

〈그림 1-7〉은 사업체 종사자 수와 3.3㎡당 아파트 가격을 나타낸다. 맨 왼쪽 강남구부터 금천구까지 구간을 보면 사업체 종사자 수가 많은 강남구가 3.3㎡당 아파트 가격이 높은 것을 알 수 있다. 사업체 종사자 수와 아파트 가격은 비례한다. 사람들은 직장과 가까운 곳에 거주하고 싶어 한다. 그래서 직장이 많은 곳은 아파트 가격이 비싸다. 이 지역은 전세 수요가 많고 공급은 부족해 전세가가 매년 평균 이상으로 상승한다.

서울로 인구가 몰리는 또 다른 요인은 바로 사회 초년생들이

서울 아파트의 특징

다. 지방에 살고 있는 이들이 해마다 서울로 올라오는데, 가장 근본적인 요인은 일자리다. 이들은 대학 졸업 후 거의 대부분이 서울이나 수도권에 있는 회사에 취업한다. 서울과 수도권에 일자리가 많기 때문이다. 한 지인은 경기도 외곽에 거주하면서 서울 강남구에 있는 회사에 출근한다. 서울의 주거비용이 너무 비싸 경기도를 선택할 수밖에 없었다. 서울만 벗어나면 주거비용이 낮아지기 때문이다. 그러나 출퇴근 시간이 워낙 길어서 힘들다고 한다.

몇 년 전 지인이 잠실의 새 아파트 전세가 싸게 나왔다며 입주해도 되겠냐고 물었다. 당시 역전세를 전망하는 뉴스가 언론에 매일 보도되고 있었다. 나는 당장은 전세금이 싸고 주거환경도 좋고 직장과 가까워 좋지만, 전세 만기 시점에는 전세금이 감당 못 할 수준까지 올라갈 것이라고 이야기했다. 여윳돈을 1억 원 이상 가지고 있으면 이사해도 좋겠다고 조언했다. 그로부터 1년이 지난 시점부터 전세금이 올라가기 시작해 3억 원 이상이 상승했다.

자녀 교육 때문에 이사 가는 것은 좋지만, 전세금이 올라서 다시 이사할 수밖에 없는 상황이 되면 난감해진다. 부모들은 이사해서 몸이 좀 피곤하면 되겠지만, 상황이 전혀 다르다. 전학을 가서 다른 학교에 새롭게 적응도 해야 하고, 여러 가지로 혼란스러워질 수 있다. 서울 어느 지역이건 전세를 계약할 때는 여유 자금이 있어야 한다.

2017년 9월 26일, 김현미 국토부 장관이 건설업계·주택업계 대표들과 간담회를 가졌다. 이날 간담회에서 대표들은 2018년 SOC(사회기반시설) 예산이 대폭 삭감된 것을 이야기했다. 우리나라

<그림 1-8> OECD 주요 국가 평균 통근 시간

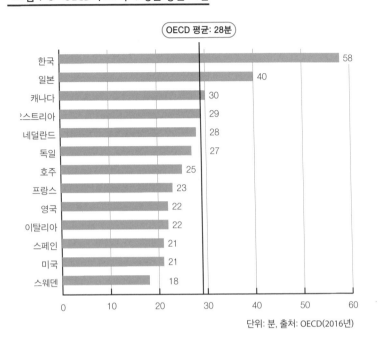

OECD 평균: 28분

국가	값
한국	58
일본	40
캐나다	30
오스트리아	29
네덜란드	28
독일	27
호주	25
프랑스	23
영국	22
이탈리아	22
스페인	21
미국	21
스웨덴	18

단위: 분, 출처: OECD(2016년)

의 통근 시간은 평균 58분이며, OECD 국가의 통근 시간인 평균 28분의 2배 정도 차이가 나고(〈그림 1-8〉), 국민 1인당 도시 공원 면적도 선진국에 비해 부족하다고 말했다. 그래서 통근 시간과 복지, 안전을 위해 SOC 사업 예산을 늘려야 한다고 건의했다.

　국가의 주요 기능이 대부분 서울에 집중되어 있고, 서울 외곽의 신도시들은 베드타운으로 건립되었다. 주말의 문화, 여가, 위락, 활동과 그 외에 교육, 의료, 상업 시설의 이용은 거의 모두 서울에서 해결해야 한다. 출퇴근 시간은 서울 외곽으로 범위가 넓어질수록 더 길어질 수밖에 없다. 30분 출퇴근 공약을 한 문재인 대통령

서울 아파트의 특징

은 후보자 시절 수도권의 평균 출·퇴근 시간이 한국 평균 58분의 1.7배인 96분이라고 말한 적이 있다.

서울 시내, 그중에서도 강남의 집값이 상승하는 것은 투기 세력이 만든 결과물이 아니다. 서울의 집값이 오르는 가장 큰 원인은 양질의 일자리와 급여 수준, 직주근접 때문이다. 이것이 집값을 결정한다. 사람의 심리는 비슷하다. 살고 싶어 하는 주거지역도 대부분 비슷하다. 너도나도 입지 좋은 곳에 살고 싶어 한다. 우리나라에서 주거비용과 집값이 높은 지역은 바로 강남이다. 상업시설과 직장, 사람이 많이 몰리는 지역은 집값이 높을 수밖에 없다. 수요는 많고 공급은 부족하다. 특히 주거 문제는 공급과 밀접한 관계가 있다. 재개발, 재건축, 택지개발, 용적률 완화 등 결국 공급을 충분히 하면 집값은 안정될 것이다.

서울의 아파트 가격은
상승해왔다

서울의 아파트 가격과 전국의 아파트 가격은 30년간 우상향으로 상승해왔다. 내 집 마련과 부동산 투자는 사실 겁먹을 필요가 없다. 평소에 부동산에 관심을 갖고 공부해야 한다. 집값이 하락하면 내 집을 마련하겠다는 대기 수요자를 많이 보았다. 특히 하락론을 주장하는 대부분의 사람들은 사실상 수요자들이다. 아파트 가격이 10~30% 이상 떨어지는 순간 집을 매수하기가 어렵다. 앞으로 더 떨어질 것 같은 공포에 휩싸이기 때문이다.

1998년 IMF 외환위기와 2008년 글로벌 금융위기가 왔을 때 대부분 사람들은 심리적으로 위축되었다. 그래서 내 집 마련을 하지 못했다. 내 집 마련을 하면 주거 안정성뿐만 아니라 심리적 안정감을 준다. 집값 하락을 기다리지 않는 게 좋다. 자신의 재무 능력이 준비되었을 때 내 집 마련을 하는 것이 최상의 방법이다.

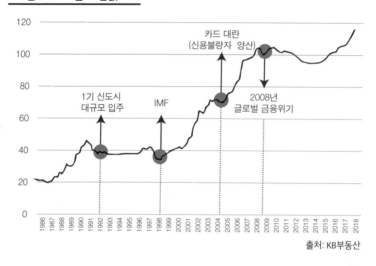

〈그림 1-9〉 서울의 집값 시세

1기 신도시
대규모 입주

IMF

카드 대란
(신용불량자 양산)

2008년
글로벌 금융위기

출처: KB부동산

〈그림 1-9〉는 1986년부터 2018년까지 서울의 집값 시세 그래프다. 동그라미로 표시된 부분이 하락 시기다. 30년간 서울의 집값은 4번에 걸쳐 하락했다. 1980년대 후반 노태우 대통령은 '주택 200만 호 건설 계획'을 발표했다. 당시 주택 건설은 연간 24만 호 정도에 불과했다. 1990년에 46만 호, 1991년에 75만 호 등 어마어마한 공급이 이루어졌다. 집값은 하락하기 시작했고 5년간 안정세가 이어졌다. 대한민국 역사상 가장 큰 위기를 맞이했던 1998년 IMF 외환위기 때 부동산 가격은 폭락했지만 오래가지 못했다. 이후 알다시피 다시 폭등했다.

부동산의 미래는 정확히 예측할 수 없다. 부동산의 하락 시기마다 아파트 입주 물량 증가, 미분양 증가, 금리 상승, 경제성장률 하락 등 위기론은 반드시 등장한다. 2015년에는 미국 대선에서 트럼프 후보가 당선되면 우리나라 경제에 악영향을 줄 것이라고 예측했다. 각종 뉴스에서는 미국의 금리 인상으로 우리나라의 자본이 해외로 빠져나갈 거라는 각종 괴담이 쏟아졌다. 2016년에는 하락론자들이 대규모 입주 물량이 급증해 2018년까지 집값이 하락할 거라고 이야기했다.

하락론자들은 우리나라가 일본처럼 20년에 걸쳐 장기 침체에 빠진다는 위기론을 주장했다. 부동산에 관심을 갖기 시작한 사람들은 겁을 먹었다. 그래서 내 집 마련을 하려는 사람들도 다시 생각하고 전세로 들어갔다. 그러나 우리나라의 부동산 시장, 특히 주택(아파트)은 폭락할 가능성이 거의 없다. 〈그림 1-9〉처럼 1986년부터 2018년까지 주택 가격은 지속적으로 상승했다. 1998년 IMF 외환위기와 2008년 글로벌 금융위기는 대한민국의 경제 위기였고, 6개월이 지나고 1년이 지난 후 주택 가격은 회복되면서 다시 올랐다.

집값이 갑자기 떨어질 거라는 근거를 찾기보다는 집값이 상승할 근거를 찾아야 한다. 이제 모든 현금을 동원하고 대출을 끼고 내 집 마련을 하려는 사람이라면 부동산 시장에 대한 정확한 근거를 갖고 판단해야 한다.

〈그림 1-10〉은 전국의 아파트 전세 지수다. 30년간 전세 가격도 지속적으로 상승해왔다. 전세 가격 변화는 짜장면 가격과 동일하게 올라가고 있다. 짜장면은 1980년대에 500원 정도 했던 것으로 기억한다. 라면, 생필품, 과자, 대중교통(지하철, 버스) 요금, 연봉의 변화도 유사하다. 전세 가격만 놓고 보면, 앞으로 10년 후 전세 가격은 그대로일까? 국가가 부도나지 않는 이상 절대 그럴 일은 없

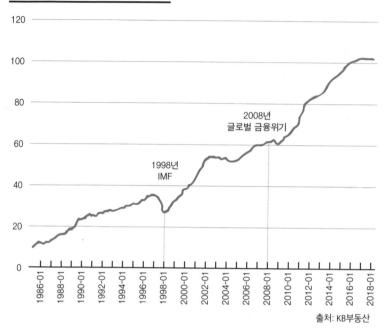

<그림 1-10> 전국 아파트 전세 지수

2008년
글로벌 금융위기

1998년
IMF

출처: KB부동산

다. 짧게 보면 미국과 중국의 무역 전쟁과 세계 경제 위기 등 심리적으로 위축되었지만 부동산 가격과 전세 가격은 우상향하고 있다.

주거라는 본질을 무시해서는 안 된다. 우리가 가장 많이 보내는 시간과 공간이 바로 그 안에서 이루어진다. 집은 없어서는 안 될 의식주 중 하나다. 입고, 먹고, 자고, 결혼하고, 아이를 출산해 교육까지 고려한다면 주거는 필요하다. 전세 가격 흐름을 알면 매매 가격도 보인다. 전세는 다양한 용도로 쓰이고 있다. 사회 초년생들은 회사 생활을 3~5년 하고 결혼한다. 연봉이 많고, 부모님의 어느 정도 도움을 받으면 내 집 마련을 할 수 있다. 그러나 현실적으로 대다수는 그러지 못한다. 돈이 부족하기 때문에 우선 입지가 떨어지는 지역에 싼 전세로 들어가서 맞벌이를 하고 허리띠를 졸라매 돈을 모은다. 단지 전세는 내 집 마련을 하기 위해 거쳐가는 수단이다.

신혼집을 구할 때 전세 물량이 많고 전세 가격이 저렴하다면 운이 좋은 경우지만, 전세 기간 만료 시점에는 또 다른 변수가 있을 것이다. 전세 가격이 내려가는 일은 극히 드물다. 내려가 봤자 2,000~3,000만 원이다. 부동산 가격은 기다려주지 않는다. 공급 물량에 따라서 전세 가격은 요동치기 때문이다. 전세 만료 시점에 시세가 올라 오히려 몇 천만 원 얹어서 계약할 수 있다. 전세 가격이 급등해 매매 가격과 별 차이가 없을 때, 각종 언론에 '부동산 상승'이라는 기사가 나올 때, 그때서야 관심을 갖기 시작한다. 집을 안 사면 더 오를 것 같다는 심리로 최고점일 때 집을 산다.

집값이 쌀 때는 절대 집을 사지 않는다. 집이 비쌀 때 사람들이 오히려 더 많이 산다. 전세로 살 때 가장 큰 단점은 인플레이션 방어 역할을 못 하는 것이다. 전세는 통상 몇 억씩 하는 전세금을 집주인에게 일시적으로 맡겨놓는 것이다. 우리나라는 매년 물가가 오른다. 지속적으로 경제성장을 하고 있다. 물가는 오르고 돈의 가치는 점점 떨어진다. 현재의 돈의 가치와 2년 후 돈의 가치는 다르다. 시간이 지날수록 돈의 가치가 떨어지므로, 전세를 살지, 내 집 마련을 할지, 어느 것이 이득인지 한번 판단해보아야 한다.

현재 우리나라 경제는 튼튼하다. GDP 순위는 12위, 아시아 국가 중 3위다. 호주, 네덜란드, 스웨덴, 벨기에, 오스트리아, 싱가포르, 핀란드 등 많은 선진국보다 높은 순위다. 국가 신용 등급은

35

AA등급으로, 일본과 중국보다 높은 수준이다. GDP 성장률이 마이너스를 기록했던 해는 1980년과 1998년뿐이고, 1998년 GDP 성장률은 -5.5%를 기록했지만 다음 해인 1999년에 11.3%로 반등했다. 2008년 글로벌 금융위기 전후 3년간(2007~2009년)의 실질 GDP 성장률은 각각 5.5%, 2.8%, 0.7%다. 다른 국가들에 비하면 금융위기를 성공적으로 넘겼다. 1998년 IMF 외환위기로 국가가 어려움에 빠졌을 때도 슬기롭게 이겨냈다.

투자자라면 항상 경제를 예의 주시해야 한다. 또 다른 위기가 올 수도 있다. 경제가 어려워질 것이라고 생각한다면, 모든 자산을 달러나 현금으로 바꿔 은행에 보관하는 것이 좋다. 경제 위기에 빠져 있을 때도 시간이 지나면 회복되지만, 금융위기에 대한 두려움으로 투자나 내 집 마련을 하지 않는다면 자산이 늘어날 기회는 없을 것이다.

KB금융지주 경영연구소에서 발표한 '2019년 한국 부자 보고서'에 따르면, 10억 원 이상 금융 자산을 보유한 부자는 매년 꾸준히 늘어나고 있는 추세다. 경제 규모가 커질수록 부자 수가 늘어나고 있다는 것이다. 2019년 부자의 총자산 중 부동산 자산이 53.7%이며, 금융 자산은 39.9%였다. 부자의 부동산 비중은 50%대를 유지하고 있다. 부자는 부동산 자산을 선호하고, 안정적인 부동산 자산에 투자하고 있다는 것을 알 수 있다.

지역별 한국의 부자 수는 서울 14만 5,400명, 경기도 6만 9,800명, 인천 9,700명으로 수도권에 69.6%가 집중되어 있다(《그림 1-12》). 입지가 좋은 지역에서 급매물이 나올 가능성은 높지 않다.

<그림 1-11> 한국의 부자 수 추이

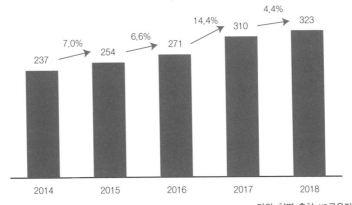

단위: 천명, 출처: KB금융지주

<그림 1-12> 지역별 한국의 부자 수

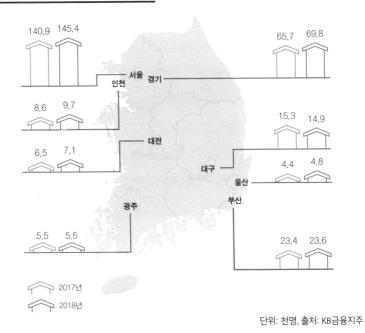

단위: 천명, 출처: KB금융지주

서울 아파트의 특징

급매물로 내놓을 만큼 형편이 어려운 소유자가 많지 않다는 말이다. 대출을 많이 받아 집을 매입한 사람들이 부동산 하락기에 급매물을 내놓을 것이라는 생각은 어떻게 보면 희망사항일 수 있다.

집을 한 채 마련하는 데는 많은 에너지와 노력이 필요하다. 공부해서 대학에 입학하면 취업을 위해 스펙을 쌓고 높은 경쟁률을 뚫고 직장에 취업한다. 사회생활을 시작하면 적금을 하고 목돈을 마련한다. 결혼을 하고 집을 마련하고 수년간의 노력 끝에 대출을 끼고 내 집 마련을 한다.

내 집 마련을 늦게 하면 할수록 손해다. 부동산 가격은 지속적으로 상승해왔다. 대한민국의 부동산 역사에서도 보듯이 대내외적으로 시장에 큰 충격이 가해지면 잠시 출렁이다가 회복된다. 반면 매년 물가상승 압박으로 현금은 갈수록 가치가 떨어진다. 기회가 왔을 때 잡아야 한다.

서울의 가구수는
늘어날 것이다

서울의 가구수는 일자리, 대학 신입생과 졸업생, 외국인 등으로 인해 점점 늘어나고 있다. 서울의 인구는 매년 미세하게 줄어들고 있는 반면 가구수는 늘어가는 추세다. 대학만 보더라도 서울에 있는 대학 입학 여부에 따라 서울로 올라오고 있다. 대학 졸업 후에도 서울에 거주할 확률이 높아진다. 왜냐하면 일자리가 서울과 수도권에 집중되어 있기 때문이다. 여기에 더해 외국인 가구수도 점점 늘어나는 추세다. 서울의 가구수는 줄어드는 일은 없다.

〈표 1-4〉와 같이 서울의 가구수는 2000년부터 2018년까지 꾸준히 증가하고 있다. 가구수 증가에 따라 정부에서도 이를 의식하고 있지만, 현재 상황에서는 나아질 기미가 보이지 않는다. 1인 가구를 위한 오피스텔, 소형 아파트, 다가구 주택, 고시원 등 소형 주택을 지속적으로 공급해야 주거가 안정될 수 있다. 1~2인 가구

<표 1-4> 서울의 가구수

연도	2000년	2005년	2010년	2015년	2018년
가구수	312만 가구	335만 가구	357만 가구	378만 가구	379만 가구

출처: 통계청

가 증가한다는 것은 임대 수요가 지속적으로 늘어나고 있다는 뜻이다.

누구나 평생에 한번은 주거에 대해 진지하게 생각하게 된다. 성인이 되어 독립하거나 결혼해 가정을 꾸리게 될 때와 같이 가구원이 분화하는 시기는 주택이 필요한 시기다. 이때부터 주거에 대한 관심을 갖는다. 이들은 부동산 시장에 유입되고 직장, 자녀, 학교, 교육환경 등에 따라 부동산과 관련된 행동들을 하게 된다.

사람들은 인구가 늘어나는 지역에 투자하라고 말한다. 하지만 인구 증가만이 투자의 답은 아니다. 350만 명이 사는 부산, 250만 명이 사는 대구보다 1,000만 명이 사는 서울에 부자가 당연히 많을 것이다. 부자가 살 확률이 높다. 인구가 많은 곳이어야 사업도 크게 할 수 있고 전문 직종 종사자도 많이 필요하다.

대기업, 공기업, 공무원 같은 안정적인 소득을 얻는 사람들도 서울에 많이 거주한다. 의사 수를 보더라도 지방보다 서울이 많다. 고소득층이 많을수록 소비가 활성화되고 다양한 서비스가 생겨난다. 그에 따라 주거와 소비, 교육환경과 입지가 좋은 거주 지역이 만들어지고 여기에 다시 부자들이 모여든다.

2015년에 통계청이 발표한 자료('장래 가구 추계' 시·도편)를 보면

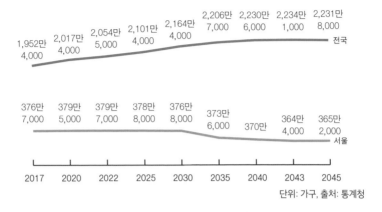

<그림 1-13> 서울과 전국의 총 가구수

전국
1,952만 4,000 / 2,017만 4,000 / 2,054만 5,000 / 2,101만 4,000 / 2,164만 4,000 / 2,206만 7,000 / 2,230만 6,000 / 2,234만 1,000 / 2,231만 8,000

서울
376만 7,000 / 379만 5,000 / 379만 7,000 / 378만 8,000 / 376만 8,000 / 373만 6,000 / 370만 / 364만 4,000 / 365만 2,000

2017 2020 2022 2025 2030 2035 2040 2043 2045

단위: 가구, 출처: 통계청

전국 가구수는 2043년에 정점을 찍어 이후 소폭으로 줄어든다(〈그림 1-13〉). 올해가 2020년이다. 아직 가구수가 줄어들려면 20년 정도 남았다. 어떻게 할 것인가? 기다릴 것인가?

통계청에서 제공한 신혼부부 수를 참고해보면(〈표 1-5〉), 서울 기준으로 초혼과 재혼을 포함해 29만 1,341쌍이 결혼했다. 이것을 연평균으로 계산하면 5만 5,886쌍이다. 이 기준으로 보면 주택수가 5만 5,886가구가 필요하다. 이혼을 하거나 하면 가구수는 2배로 늘어난다. 국내 외국인 전입 인구를 보자.

『중앙일보』 2019년 10월 31일 「국내 외국인 주민 200만 명 넘어…9년 만에 2배」라는 기사를 보자. 2018년 행정안전부가 지방자치단체의 외국인 주민 현황에 대해 발표했다. 2018년 11월 1일 기준 외국인 주민은 205만 4,621명이다. 사상 처음으로 외국인 주민이 200만 명을 돌파했다. 한국의 총 인구 대비 외국인 비율은 4%를

서울 아파트의 특징

<표 1-5> 지역별 신혼부부 수

| 행정구역 | 2015년 | | | | | |
| | 신혼부부 수(합계) | | 초혼 | | 재혼 | |
	5년 합계	연평균	5년 합계	연평균	5년 합계	연평균
전국	1,471,647	294,329	1,179,006	235,801	292,205	58,441
서울시	291,341	55,886	248,038	49,608	43,179	8,636
부산시	90,578	18,116	73,133	14,627	17,427	3,485
대구시	62,811	12,562	51,881	10,376	10,919	2,184
인천시	89,747	17,949	69,651	13,930	20,065	4,013
광주시	40,707	8,141	33,283	6,657	7,415	1,483
대전시	43,803	8,761	35,956	7,191	7,840	1,568
울산시	38,537	7,707	30,791	6,158	7,743	1,549
세종시	8,107	1,621	6,823	1,365	1,285	257
경기도	387,989	77,598	310,090	62,018	77,776	15,555
강원도	38,141	7,628	28,119	5,624	10,017	2,003
충청북도	43,553	8,711	33,362	6,672	10,179	2,036
충청남도	60,711	12,142	46,441	9,288	14,250	2,850
전라북도	44,982	8,996	34,101	6,820	10,866	2,173
전라남도	45,472	9,094	33,457	6,691	12,004	2,401
경상북도	701,039	14,008	54,601	10,920	15,423	3,085
경상남도	96,961	19,392	75,810	15,162	21,140	4,228
제주도	18,173	3,635	13,474	2,695	4,680	936

단위: 명, 출처: 통계청

육박했다. 외국인 주민 비율이 2006년 1.1%에서 2018년 4%로 3배 이상 대폭 증가한 것이다. 특히 수도권에 외국인 주민이 60%가 살고 있다. 경기도 67만 2,791명, 서울 44만 6,473명, 인천 11만 5,720명이다.

서울 소재 전체 대학생 수는 49만 5,000명이다. 그중에서 지방 출신 학생이 16만 2,000명으로 32.7%를 차지한다. 지방 출신 학생의 거주 형태를 보면 월세 자취 37.5%, 전세 자취 17.7%, 하숙 9.4%, 고시원 7.3%, 기숙사 28.1%로 나타난다. 또 거주 형태별 월평균 생활비 비중을 보면 월세 자취가 66만 원으로 81.5%를 차지한다. 거의 대부분이 주거비로 나가고 있다.

기숙사를 증축하는 대학들이 있지만, 수요를 충족시켜주지는 못하는 것이 현실이다. 기숙사를 지으려면 국가 지원금 등 상당한 재원이 필요하다. 또 대학교 안에 기숙사를 지으려 해도 원룸, 고시원, 다가구 등을 운영하는 임대 사업자, 즉 주민들이 반발해 무산되는 일이 빈번히 발생한다. 지방에서 올라온 학생의 주거 안정을 위해서라도 기숙사를 많이 지어야 한다.

이렇듯 서울은 가구수가 계속 늘어나고 있다. 가구수가 늘어나면 그만큼 주택 공급이 늘어나야 한다. 주택수를 늘리기 위해 먼저 수요층을 파악해야 한다. 대학교 인근 지역이나 직주근접, 역세권 지역, 상권이 발달한 지역은 소형 주택을 건설해야 한다. 그렇게 하려면 건축 규제를 과감하게 풀어야 한다. 용적률을 완화시켜 건물을 수직으로 높이 올려야만 가구수가 늘어난다. 지하철과 가까운 역세권 지역의 대지에는 오피스텔을 지어 주택을 공급해야 한다.

도시형 생활주택도 지어야 한다. 오래된 주택을 허물고, 주택과 주택을 합쳐서 도시형 생활주택 건설도 가능하다. 그리고 건설업자에게는 금융 지원과 더불어 금융 규제를 완화해야 한다. 대출

<그림 1-14> 서울 소재 대학의 학생 수, 지방 출신 학생의 거주 형태와 생활비

서울 소재 대학의 학생 수

서울 소재 전체 대학생
49만 5,000명

지방 출신 대학생
16만 2,000명
(32.7%)

지방 출신 학생의 거주 형태

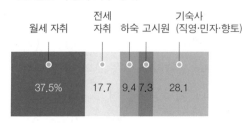

월세 자취	전세 자취	하숙	고시원	기숙사 (직영·민자·향토)
37.5%	17.7	9.4	7.3	28.1

거주 형태별 월 평균 생활비

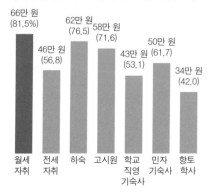

주거비+공과금+식비+교통비, 괄호는 월 지출 중 비중

- 월세 자취: 66만 원 (81.5%)
- 전세 자취: 46만 원 (56.8)
- 하숙: 62만 원 (76.5)
- 고시원: 58만 원 (71.6)
- 학교 직영 기숙사: 43만 원 (53.1)
- 민자 기숙사: 50만 원 (61.7)
- 향토 학사: 34만 원 (42.0)

출처: 한국장학재단, 한국청소년정책연구원

이자를 과감하게 낮추고, 경쟁을 통해 양질의 주택이 건설될 수 있도록 해야 한다. 서울의 집값을 잡는 것도 중요하지만 그에 앞서 주택 공급이 활발하게 이루어져야 한다. 역사적으로 노태우 정부가 주택 건설 200만 호를 달성한 이후 5년간 주택 시장이 안정되었다는 것을 기억해야 한다.

서울의 집값을 잡으려면
교통망을 확충하라

정부에서는 서울의 집값을 안정시키기 위해 3기 신도시 계획을 발표했다. 그 주된 내용은 주택 30만 호 건설과 서울의 접근성을 높이기 위한 교통망 확충이다. 서울 외곽에 조성되는 3기 신도시에 지하철 노선을 연장하고 GTX 개통을 계획하고 있다. 서울의 인구를 분산시키기 위해 교통망을 확충하면 오히려 서울의 교통망이 좋아진다. 서울 중심지에서 사방으로 교통망이 연결되어 입지가 좋아진다.

일반적으로 부동산 가격을 결정하는 가장 큰 요인은 수요와 공급이지만, 부동산 가격은 이것만으로 결정되지 않는다. 입지, 입지 안에서의 위치, 상품, 수요층으로 결정된다. 비슷한 입지 안에서도 학교, 조망권, 편의 시설, 상권, 지하철 도보거리 등 편리성이 있는지에 따라 가격이 달라진다.

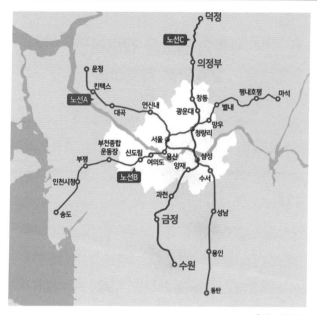

〈그림 1-15〉 수도권 광역 급행열차·신안산선 노선도 및 환승 센터 기본 구상

출처: 경기도청

　　지하철이 부동산 가격을 상승시키고, 대세 상승기에는 상승을 더욱 부추긴다. 1971년 4월 서울 지하철 1호선이 개통된 이래 현재까지 지하철 공사와 개통은 지속적으로 이어지고 있다. 지하철역과 가까울수록 호재이며, 지하철 노선도에 따라 부동산 투자에서 수익이 창출된다. 출퇴근 시간 단축, 즉 시간이라는 편리성이 가격에 반영되기 때문에 지하철 역세권은 높은 가격이 형성될 수밖에 없다. 앞으로 GTX 노선도에 따라 부동산 가격이 상승할 것이다.

　　GTX 노선은 지역과 지역의 차이를 현저하게 줄여줄 것으로 보인다. 부동산 개발은 도로와 길, 철도망에 따라 진행된다. 길과 도로가 있어야 공공주택을 건설하고 인구도 모이기 때문이다. 부동산의 가치는 길과 도로, 교통에 따라 달라진다. 언론에서 지하철이 개통된다는 보도가 나오면 부동산 가격이 오른다.

'저탄소 녹색 성장 기본법' 제53조 '저탄소 교통 체계의 구축'을 보면 철도에 대한 정부의 생각을 알 수 있다. 정부는 국가 교통망 투자를 지속적으로 확대하려고 한다. 최근 관심을 받고 있는 교통망은 GTX다. GTX는 수도권의 교통난을 해소할 목적으로 경기도가 국토해양부에 제안해 추진하는 사업이다.

이것을 논의한 시기는 2007년이지만, 2010년 9월 타당성 조사가 이루어졌다. GTX 3개 노선을 2025년까지 계획하고 있지만, 2014년 6월에 A노선의 기본계획이 수립되었다. 나머지 B노선과 C노선은 아직 시작되지도 않았다. GTX는 지하 40~70m 터널로 건설해 기존 지하철보다 3배 이상 빠르고 최고 속도도 $200km$로 운행될 예정이다.

현재 GTX 3개 노선 중 A노선의 사업 진행이 가장 빠르다. A노선이 개통되면 일산에서 삼성역까지 1시간 정도 단축된다. GTX가 들어서는 주변 지역은 미래를 예측할 수 있다. A노선을 보면 파주 운정에서 강남까지 갈 수 있다(〈표 1-6〉). 주거환경이 뛰어난 동탄은 수서·잠실·삼성까지 연결되고, 주거환경과 강남의 편의성까지 미래 가치는 한층 더 높아질 것이다. 용인과 성남 지역은 강남과 삼성까지 한층 더 가까워진다. A노선이 개통되면 해당 지역 역 주변 아파트 가격이 상승할 것으로 보인다.

<표 1-6> GTX역이 들어설 지역들

노선	지역
A노선	운정, 킨텍스, 대곡, 연신내, 서울역, 삼성, 수서, 성남, 용인, 동탄
B노선	송도, 인천시청, 부평, 부천종합운동장, 신도림, 여의도, 서울역, 청량리, 망우, 별내, 평내호평, 마석
C노선	수원, 금정, 과천, 양재, 삼성, 청량리, 광운대, 창동, 의정부, 덕정

　　B노선을 보면 인천 송도부터 남양주 마석까지 이어진다. 인천에 살고 있는 주민들에게는 좋은 소식이며 부동산 호재다. 일반 지하철보다 3배 정도 빨라서 서울 도심까지 3분의 1 수준으로 단축된다. 송도에서 서울역까지 27분, 여의도에서 청량리까지 10분, 송도에서 마석까지 50분으로 단축된다. 수도권 서부지역과 동북부 지역에서 서울 강남으로 접근하는 접근성이 향상되고, 획기적 교통 변화가 온다. C노선은 양주와 수원 간 74.2km 구간으로 이동 시간을 78분에서 16분으로 줄여준다. 의정부에서 삼성역까지 74분에서 16분으로 단축된다.

　　GTX 3개 노선을 분석해보면 3개 노선이 모두 서울 중심권, 즉 강남권으로 집중되는 것을 알 수 있다. 수도권 외곽인 송도, 동탄, 남양주, 파주 등 GTX 노선으로 강남과 연결되어 여기에 사는 사람들은 접근성이 높아진다. 모든 교통망이 서울로 집중되어 특히 강남에 거주하는 이들은 더 많은 혜택을 누릴 수 있다.

　　서울의 중심에서 인천 송도, 동탄, 남양주, 파주 등 어디든 갈 수 있다. 수도권에서 보면 동탄에서 인천 송도까지 환승 없이 갈 수 없다. 서울에서 환승해 송도로 가야 한다. 다른 수도권 지역들도 마찬가지다. 사람들은 지하철이나 버스로 한 번에 갈 수 있는 교통편을 선호한다. 환승을 하면 불편하고, 솔직히 귀찮다. 편리성을 찾는 것은 인간의 본성이다. 그래서 서울의 강남이 전국 어디든 연결되는 교통 핵심 요충지다.

또 다른 예를 KTX와 SRT에서 보겠다. SRT 개통은 우리나라의 교통 체계에 큰 변화를 가져왔다. SRT 개통을 계기로 철도 역사상 처음으로 간선 철도의 경쟁 체제가 도입되었다. 더 나은 고속철도 서비스를 제공하고, KTX와 경쟁하게 되었다. SRT는 10% 싼 운임에, 자주 이용하는 고객에게는 승차권 할인권과 특실 할인권을 제공하고 있다. 차별화된 승무원 서비스도 받을 수 있다. SRT는 KTX의 불편한 점을 보완했다.

SRT는 역방향으로 가는 좌석이 없고 앞뒤 좌석 공간이 넓다. 〈그림 1-16〉을 보면 SRT와 KTX는 공통점이 있다. 모두 서울 중심지에 있으며, 부산과 광주로 자유롭게 이동할 수 있다. 부산역에서 광주로, 광주에서 부산으로는 선로가 없어서 못 간다. 그러나 서울에서는 가능하다. 지방에서 서울로 갈 수 있는 교통망이 하나 더 늘어나 접근성이 좋아졌다. 부산에서 서울, 광주에서 서울 등 하루 왕복 생활권이 가능해졌고, 이는 서울 접근성을 용이하게 한다.

제2외곽순환도로는 기존의 서울외곽순환도로의 외곽을 순환하는 고속도로다. 현재 서울과 수도권의 교통량을 분산시키기 위해 구축한 제2 순환 교통망으로 지역 간 운행 시간을 대폭 단축시킨다. 총 연장 259.6km의 고속도로이자 SOC 고속도로 사업으로,

<그림 1-16> KTX와 SRT 노선도

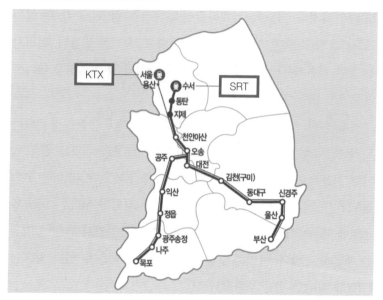

출처: 한국철도

도시와 지역 개발에 파급 효과를 줄 수 있다.

수도권은 전 국토의 12%를 차지하는 면적에서 우리나라 인구 절반이 살고 있다. 제2외곽순환도로 개통은 지역 간의 접근성을 높이고 수도권의 교통 체증을 줄여준다. 수도권 중 남부 지역의 핵심 도시인 서울, 경기, 인천을 연결해 이동시간을 단축하고 더 높은 삶의 질과 서비스 제공으로 인한 지역 간의 접근성과 경제 개선이 큰 폭으로 향상될 것으로 기대된다.

또한 교통망 인프라는 수도권 지역뿐만 아니라 비수도권 지역으로 접근성도 높여 산업의 생산성 증대 효과도 발생할 것으로 보인다. 새로운 지역 개발 시대를 여는 계기가 될 수 있다. 우리가 이런 기회를 얼마나 합리적이고 지혜롭게 잘 활용하느냐가 중요하다. 서서히 변해가는 부동산 가치 변동에도 관심을 가지고 지켜볼 필요가 있다.

모든 교통망은 서울로 집중된다. GTX 확충은 서울의 부동산 가치를 더욱 높여준다. GTX는 서울의 직주 거리를 좁혀준다. 3기 신도시 등으로 교통난을 해소하고 교통 시간을 단축시킨다. 결국 촘촘히 거미줄처럼 연결된 교통망은 서울 시내로 집중되어 더 살기 좋은 서울이 된다는 것이다. 서울에서 거주하고 있다면, 다른 수도권 지역으로 쉽게 갈 수 있다. 서울은 앞으로 교통망이 지속적으로 늘어날 것이다. 그래서 서울의 부동산 가치는 점점 더 높아질 것이다.

최고의 입지는
사람들이 몰리는 곳이다

부동산 최고의 입지는 누구나 살고 싶어 하는 곳이다. 입지가 좋은 곳은 항상 부동산 수요가 넘치고 가격도 비싸다. 부동산의 가치는 사람들이 얼마나 몰리고 이용하느냐에 따라 정해진다. 사람이 많을수록 가치가 올라간다. 현재 강남구는 서울에서 가장 많은 사람이 생활하는 곳이다. 부동산 최고의 입지를 결정하는 4가지 요소는 교통환경, 생활 편의 시설, 교육환경, 자연환경이다. 이 4가지 요소가 균형적으로 이루어진 곳은 입지가 좋다. 지난 40년 동안 서울 강남 부동산의 가치가 어떻게 높아졌는지 알 수 있다. 교통환경, 교육환경, 상권뿐만 아니라 환경적인 요소가 더해져서 최고의 입지가 되었다.

경제 활동에서 가장 중요한 것은 무엇인가? 바로 직장과의 거리다. 지하철 노선은 일자리와 바로 연결된다. 일자리는 지하철과

돈이 되는 서울 아파트, 지금 당장 사라

<그림 1-17> 서울지하철 2호선 노선도

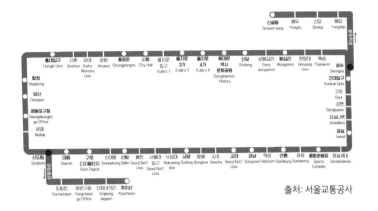

출처: 서울교통공사

연결되는 것이 중요하므로 역세권에 있느냐 없느냐에 따라 주거지
의 가격이 달라진다. 일자리는 특정 지역에 집중되어 있다. 우리나
라에서 일자리가 가장 많은 지역은 강남구다. 예를 들면 강남구에
있는 강남역, 역삼역, 선릉역, 삼성역, 잠실역까지 연결되는 지역
이 대기업 본사와 금융업까지 다양한 양질의 일자리가 모여 있다
(〈그림 1-17〉). 그래서 환승 없이 강남구로 지나가는 지하철 역세권
이 중요하다.

집 근처의 생활환경도 집값에 영향을 미친다. 고속도로와 고
가도로가 가까운 것은 생활 소음으로 집값에 부정적인 요소가 된
다. 반대로 집 가까이에 산과 공원이 있으면 집값에 긍정적인 요인
이 된다. 집 근처에 유흥 시설, 유해 시설, 쓰레기 소각 시설, 각종
공장 시설이 있으면 사람들이 입주를 꺼린다. 백화점, 대형 마트,
도서관, 영화관 등 생활 편의 시설이 가까이 있으면 긍정적인 요소

서울 아파트의 특징

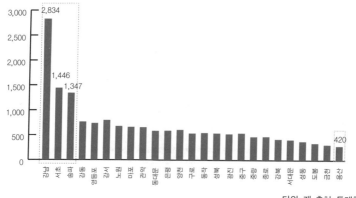

<그림 1-18> 서울 자치구별 의료기관 수

단위: 개, 출처: 통계청

가 된다. 아이들이 마음껏 뛰어놀 수 있는 공원과 녹지도 많으면 많을수록 좋다. 집 가까이에 대형 병원이 많은 것도 좋다.

'2014년 5월 10일 밤 10시 50분 삼성그룹 이건희 회장이 심근경색으로 쓰러져 인근 삼성병원으로 후송되었고 심폐소생술로 위급한 상황을 넘겼다'는 언론 보도가 있었다. 대형 병원이 집 근처에 있으면 생명의 골든타임을 놓치지 않을 수 있다는 의미다.

〈그림 1-18〉은 서울 자치구별 의료기관 수다. 강남구가 2,834개로 가장 많다. 2위 서초구는 1,446개, 3위 송파구는 1,347개다. 〈표 1-7〉은 서울 소재 종합병원이다. 대형 병원이라고 생각하면 된다. 강남세브란스병원이나 삼성서울병원과 같은 대한민국의 대표적인 대형 병원이다. 이건희 회장의 심근경색으로 주거지 주변 병원의 중요도가 높아지면서 대형 병원 근처에 있는 아파트의 관심도도 높아졌다.

54

<표 1-7> 서울 소재 주요 종합병원

병원	주소	연락처
강남세브란스병원	서울시 강남구 언주로 211	1599-6114
삼성서울병원	서울시 강남구 일원로 81	1599-3114
고려대학교 구로병원	서울시 구로구 구로동로 148	02-2626-1114
인제대학교 상계백병원	서울시 노원구 동일로 1342	02-950-1114
경희의료원	서울시 동대문구 경의대로 23	02-958-8114
중앙대학교병원	서울시 동작구 흑석로 102	1800-1114
가톨릭대학교 서울성모병원	서울시 서초구 반포대로 222	1588-1511
연세대학교 세브란스병원	서울시 서대문구 연세로 50-1	1599-1004
한양대학교병원	서울시 성동구 왕십리로 222-1	02-2290-8114
고려대학교 안암병원	서울시 성북구 인촌로 73	1577-0083
서울아산병원	서울시 송파구 올림픽로43길 88	1688-7575
이화여대 부속 목동병원	서울시 양천구 안양천로 1071	02-2650-5114
가톨릭대학교 여의도성모병원	서울시 영등포구 63로 10	1661-7575
순천향대학교 서울병원	서울시 용산구 대사관로 59	02-709-9114
강북삼성병원	서울시 종로구 새문안로 29	1599-8114
서울대학교병원	서울시 종로구 대학로 101	02-2072-2114
인제대학교 서울백병원	서울시 중구 마른내로 9	02-2270-0114

환경오염과 황사, 미세먼지 등 자연환경에 관한 관심도도 높아져가고 있다. 입지가 좋고 교통이 편리한 것 외에 녹지 공간과 공원 등 주거환경에 대한 생각이 달라지고 있다. 최근 미세먼지와 관련해 '숲세권'이라는 용어도 등장했다. 숲세권이란 역세권과는 별개로 산과 숲이 어우러진 곳이다. 학부모로서는 아이들을 건강하게 키우고 싶어 하는 것이 당연하다. 천연 환경이 없다면 인공으로 된 환경도 만들고 있다. 서울시는 청계천을 만들어 시민의 휴식 공간을 제공하고 한강을 개발해 공원과 녹지를 조성하고 있다.

서울이란 도시는 다양한 사람들이 일하고 놀고 거주한다. 그런데 부동산의 이용 시간도 고려해봐야 한다. 직장인, 엄마들, 학생들은 부동산 이용 시간이 각각 다르다. 2017년에 준공한 잠실 롯데월드타워를 예로 들어보자. 롯데월드타워에는 백화점, 문화시설, 일자리 등이 조성되어 다양한 사람이 몰려든다. 영유아 엄마들은 롯데월드타워의 문화 시설을 주로 오전에 이용한다. 점심시간에는 직장인들이 식사를 하기 위해 몰려든다. 오후 1~3시에는 영유아 엄마들이 아이들과 함께 유모차를 끌고 다시 몰려들고 오후 3~5시에는 학생들이 그 자리를 메운다. 저녁시간에는 롯데월드 주변 술집에 직장인들이 모여 회식을 한다. 이렇게 다양한 사람들이 부동산을 교차 이용할수록 입지가 좋다.

아파트는 오르막에 있으면 부정적인 요소로 작용한다. 사람들은 평평한 곳을 좋아한다. 눈비가 올 때면 오르막이나 내리막을 다닐 때 안전사고가 날 확률이 높다. 무거운 짐을 옮기거나, 특히 영유아 엄마들은 오르막길을 유모차를 끌고 올라가기가 불편하다.

생활에 불편함이 있으면 집값에 부정적인 요소로 작용한다. 집을 선택할 때는 도로가 넓고, 평평한 지형에 있는 주거지를 선택해야 한다.

요즘은 커뮤니티를 무시할 수 없다. 특히 맘카페 엄마들이 실제 제품을 사용하고 후기를 올리는 카페다. 부동산도 맘카페를 보고 선택하는 사람이 많다. 맘카페에서는 아파트에 대한 정보를 공유한다. 실제로 아파트에 사는 엄마들의 경험담을 들려주고 엄마들의 긍정적인 평가가 많을수록 그 아파트 가격은 비싸다. 엄마들끼리 유치원, 학원, 초등학교, 중학교 등 교육에 관해서도 정보를 공유한다. 학원이 좋다는 소문만 나면 등록하는 학생이 많아진다. 반면에 아이들의 교육 수준이 떨어지거나, 질이 좋지 않다는 소문이 나면 문을 닫을 수 있다. 학원들도 엄마들의 심리와 교육 수준을 만족시키기 위해 부단히 노력한다. 집을 선택할 때 해당 지역 맘카페에 가입하면 절대 손해 보는 일은 없다.

학군에 따라
아파트 가격이 달라진다

우리나라는 땅이 좁고, 지하자원 등이 빈약하다. 오로지 교육을 통해 세계 10위권의 경제 대국을 이루어냈다. 우리나라만이 갖고 있는 교육열로 세계 경쟁에서 앞서나가고 있다. 우리나라 부모는 정작 자신의 노후 대비보다 자식 교육 열망이 크다. 세계에서 교육 관심도가 가장 높다. 대학 진학률만 봐도 그렇다. 2006년에는 84%가 대학에 진학했다. 세계 어느 나라도 따라올 수 없다.

부모들은 누구나 아이들이 양질의 교육을 받고 명문 학교에 들어가는 것을 바란다. 그 때문에 우리나라는 학군에 따라 아파트 가격이 달라진다. 초등학교, 중학교, 고등학교 등 학업 수준과 명문 중·고등학교와 서울대학교 진학률에 따라 아파트 가격이 정해진다.

대단지 아파트 안에 초등학교가 있는 아파트는 일명 초품아(초등학교를 품은 아파트)다. 아이들이 집에서 나오면 도로가 나온다. 승

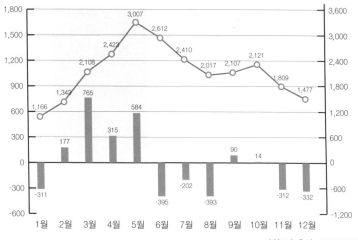

<그림 1-19> 최근 5년간(2012~2016) 어린이 보행자 교통사고 사상자

단위: 명, 출처: 도로교통공단

용차와 버스, 트럭 등 쉼없이 도로를 달린다. 길을 건너기 위해 신호등이 보인다. 초록색 불이 켜지고 아이들은 횡단보도를 건너 학교로 등교한다. 내 아이가 이렇게 등교하고 있다면 부모로서는 어떨까? 아이가 학교를 갈 때마다 불안한 마음을 느낄 것이다. 그런데 초등학교가 아파트 안에 있으면 도로도 건너지 않고, 안전하게 등교할 수 있다. 그래서 대단지 안에 초등학교가 있으면 교육 프리미엄을 먹고 들어간다.

초등학교 저학년일수록 교통사고 발생 빈도가 높다(<그림 1-19>). 학교에 입학하고 3월에 가장 많이 교통사고가 발생했다. 교통사고 발생 시간대는 주로 오후 2~4시에 발생했다. 결혼하고 아이를 낳고, 고생해서 키워 초등학교를 보냈는데, 어이없게 교통사

59

서울 아파트의 특징

<그림 1-20> 초등학생 교통사고 발생 빈도

안전운전 의무 불이행
60%

보행자 보호의무
위반
22%

신호 위반
11%

기타
7%

출처: 도로교통공단

고로 아이가 다쳤다면 어떻겠는가?

　서울 개포우성2차, 선경아파트, 미도아파트를 생각하면 무엇이 떠오르는가? 바로 대치동에 있는 유명한 대청중학교다. 대청중학교에 입학하기 위해서는 이들 세 아파트에 거주해야 한다. 중학교 입지는 가장 중요한 교육환경이 되었다. 특목고와 자사고 진학률이 높은 중학교일수록 높은 프리미엄을 받을 수 있다. 강남구, 서초구, 양천구도 여기에 속한다. 중학교부터 좋은 학군의 학교에서 공부하고 고등학교에 진학해 명문대학교에 진학한다.

　강남에 있는 학교를 보내려면 먼저 강남 지역에 이사를 해야 한다. 강남 지역 명문 고등학교의 최종적인 목표는 바로 명문대학 진학이고 우리나라 명문 고등학교는 대부분 강남에 있다.

　〈표 1-8〉은 2017년부터 2019년까지 서울대학교 입학생 상위 20개 시·군·구의 비율이다. 그중에서 강남구가 644명으로 1위이며, 2위와 3위는 종로구와 서초구가 차지했다. 강남구에 있는 중학교와 고등학교에 입학하면 서울대학교 진학률이 높아진다는 것을 알 수 있다. 우리나라에서 서울대학교 입학은 성공과 같다.

<表 1-8> 서울대 입학생 상위 20개 시·군·구 비율과 누적 비율

순위	소재지	입학자	비율	누적 입학자	누적 비율
1	서울 강남구	644명	6.5%	644명	6.5%
2	서울 종로구	509명	5.2%	1,153명	11.7%
3	서울 서초구	332명	3.4%	1,485명	15.0%
4	경기도 용인시	322명	3.3%	1,807명	18.3%
5	경기도 수원시	317명	3.2%	2,124명	21.5%
6	서울 광진구	308명	3.1%	2,432명	24.6%
7	경기도 성남시	306명	3.1%	2,738명	27.7%
8	서울 은평구	232명	2.3%	2,970명	30.1%
9	서울 양천구	215명	2.2%	3,185명	32.2%
10	대구 수성구	213명	2.2%	3,398명	34.4%
11	서울 강동구	209명	2.1%	3,607명	36.5%
12	대전 유성구	205명	2.1%	3,812명	38.6%
13	경기도 고양시	203명	2.1%	4,015명	40.7%
14	서울 강서구	185명	1.9%	4,200명	42.5%
15	전라북도 전주시	176명	1.8%	4,376명	44.3%
16	서울 송파구	169명	1.7%	4,545명	46.0%
17	서울 노원구	155명	1.6%	4,700명	47.6%
18	광주 북구	149명	1.5%	4,849명	49.1%
19	경기도 안양시	147명	1.5%	4,996명	50.6%
20	충청남도 공주시	124명	1.3%	5,120명	51.8%

출처: 서울대학교

서울 아파트의 특징

입학 시즌만 되면 전세난에 시달린다. 특히 학군이 좋은 아파트는 매물이 없어 부동산 중개업소에는 대기 수요가 많다. 매물이 나오면 중개사를 믿고 집을 보지도 않고 계약해버리는 일이 종종 발생한다. 그 아파트에 이사해야만 원하는 학교에 배정 받을 수 있기에 집값이 높다. 그만큼 집이 귀하다는 뜻이다.

자녀의 교육환경에는 학교와 학원이 있다. 학교는 접근성과 희망하는 학교에 입학할 수 있는 아파트 단지인가 하는 점이다. 희망하는 학교에 들어가지 못하는 아파트 단지는 부정적인 요소로 작용한다. 지역 요소를 고려할 때 학교 입학 여부를 면밀히 살펴보고 선택해야 한다.

또 다른 요소는 학원이다. 학원은 보통 2가지로 나누어진다. 대형 학원과 지역 학원이다. 대형 학원은 외부에서 유입되는 학생들이 다니는 학원이고, 지역 학원은 그 동네 학생들만 다니는 학원이다. 아파트 주변에 대형 학원이 있으면 긍정적인 요인이 된다. 유명한 대형 학원은 입학시험을 치른다고 한다. 시험에 합격하지 못하면 들어갈 수 없다. 우수한 학생들이 모여 서로 경쟁하며 입시를 준비하고 있다.

우수한 학군은 3가지로 정리할 수 있다. 첫 번째는 대단지 아파트 안에 초등학교가 있는 아파트다. 두 번째는 명문 고등학교에 입학하기 위한 우수한 중학교 입학 여부다. 세 번째는 서울대학교 진학률이 높은 고등학교와 대형 학원이 있는 지역이다.

그렇다면 강남 학군 지역은 어떻게 생겨났는가? 1970년대까지만 해도 서울에서 가장 입지가 좋은 지역은 중구와 종로구였다.

<표 1-9> 서울 주요 고등학교 강남 이전 시기

학교	이전 연도	옛 위치	현 위치
경기고등학교	1976년	종로구 화동	강남구 삼성동
휘문고등학교	1978년	종로구 원서동	강남구 대치동
정신여자고등학교	1978년	종로구 연지동	강남구 잠실동
서울고등학교	1980년	종로구 신문로	서초구 서초동
숙명여자고등학교	1980년	종로구 수송동	강남구 도곡동
중동고등학교	1984년	종로구 수송동	강남구 일원동
경기여자고등학교	1988년	중구 정동	강남구 개포동
보성고등학교	1989년	종로구 혜화동	송파구 방이동

출처: 서울시 시사편찬위원회

대부분의 우수한 고등학교가 몰려 있고 부동산 가격도 가장 비쌌다. 1975년 강남 개발을 위해 종로구와 중구에 있는 명문 고등학교를 강남으로 대부분 이전시켰다. 경기고, 휘문고, 정신여고, 서울고, 숙명여고, 중동고, 경기여고, 보성고가 강남으로 이전했다(〈표 1-9〉). 고등학교 이전은 부동산 파급력이 대단했다.

고등학교가 집단적으로 이전하면서 새로운 변화가 일어났다. 고등학교가 이전한 강남 지역은 부동산 시장에 새로운 강자가 되었다. 부모들은 자녀 교육을 위해 강남으로 이사했고, 강남은 지금까지 대한민국에서 제일 비싼 입지를 유지하고 있다.

그리고 대치동을 중심으로 대형 학원들이 들어섰다. 대형 학원가는 강남을 교육의 메카로 만들어버렸다. 학군과 교육은 부동산 가치에도 그대로 반영된다. 바로 교육 프리미엄이다. 교육환경

서울 아파트의 특징

이 우수하고, 희망하는 초등학교·중학교·고등학교에 입학할 수 있는 지역은 비싸다. 또한 인기 있는 대형 학원이 밀접한 지역은 부동산 가격이 비싸다. 학군이 우수한 지역은 누구나 선호하는 지역임을 알 수 있다. 학군이 좋은 지역은 공급이 부족해 학기 초에는 전세와 월세를 구하기가 어렵다.

부모의 마음은 양질의 교육과 좋은 환경에서 자녀들을 교육시키고 싶어 한다. 자녀들을 좋은 학교, 좋은 학원에 보내 양질의 공부를 시키고 싶어 한다. 명문대학교에 진학시키기 위해 부모들은 허리띠를 졸라매고 자녀를 교육시킨다. 자녀 교육만큼은 투자를 아끼지 않는다. 아무리 시대가 변해도 자녀 교육만큼은 열정을 잠재우기는 어렵다. 아파트를 선택할 때 학군이 중요한 요소임을 잊지 말자.

제2장

서울 아파트의 미래

서울의 전월세 공급은 줄어들고
수요는 많아진다

정부의 부동산 정책 변경으로 서울에 공급되는 전월세 주택은 시간이 지날수록 줄어들고 있다. 반면 수요는 많아지고 있다. 앞으로 이런 현상은 지속될 것으로 보인다. 정부의 부동산 정책은 가격이 급등하거나 과열되면 규제를 한다. 반면에 부동산 가격이 하락하면 완화 정책으로 변경된다.

역대 정부를 보면 어느 특정 정권에 따라 정책이 변경되는 것이 아니라 부동산 집값 상승 여부에 따라 달라진다. 김대중 정부 시절은 IMF 외환위기로 대한민국 경제가 부도 사태까지 갈 뻔했다. 그 당시에는 경제를 살리기 위해 정부와 국민이 온 힘을 쏟았다. 경기 부양을 위해 부동산 규제를 풀고 세금 혜택까지 주는 매우 파격적인 정책을 펼쳤다.

부동산 투자자와 다주택자들은 세금에 민감하게 반응한다.

서울 아파트의 미래

2019년부터 3주택 이상, 3억 원 이상의 전세 보증금과 월세 수입 등에 전면 과세를 하고 있다. 또 2,000만 원 이하 임대소득에 대해서도 과세로 변경되었다. 매년 1~2월 초까지 임대 사업 현황을 신고하고 5월에 종합소득세를 신고해야 한다. 세금에 대한 부담감이 생겼다. 전세 임대는 우리나라에만 있는 유일한 제도다. 전세는 집주인에게 목돈을 2년간 맡기고, 임대 기간 완료 시 돌려받는다.

선진국의 임대 시장은 대부분 월세 시장이다. 전세의 가장 큰 장점은 무엇인가? 월세가 들어가지 않는다. 주거비용의 부담이 줄어든다. 정부에서는 집 없는 사람들에게 전세 보증금을 70~80%까지 저금리로 빌려준다. 집주인의 동의 없이 '전세 보증금 반환보증'에 가입할 수 있는 안전장치가 하나 더 생겼다. 목돈을 모아 전세로 살고, 내 집 마련을 하는 데 없어서는 안 될 제도다.

2019년부터 전세 보증금 전면 과세로 임대 시장에 새로운 변화가 일어나고 있다. 우리나라 임대 시장은 80% 이상이 민간(다주택자)에서 주도하고 있다. 다주택자들은 시장 상황에 매우 빠르게 반응해 정부 정책과 이익에 따라 움직인다. 합법적으로 세금을 줄이기 위해 대책을 세운다.

3주택자이면 1채를 팔고 전세 보증금 과세를 피한다. 또한 나머지 2채를 팔고 비싼 1채만 보유한다. 똑똑한 1채가 여기서 나왔다. 그렇게 되면 전세 보증금 전면 과세를 피할 수 있다. 2채를 팔고 1채를 매입하면 전세 공급이 1채가 줄어든다. 수십 채 되는 다주택자들은 세금 부담을 줄이기 위해 집을 처분하고 더는 매입하지 않을 것이다. 한번 생각해보자. 전세 공급자는 누구인가? 무주택자인가, 1주택 소유자인가? 2주택 소유자인가?

세금 정책에 따라 우리나라의 주택 시장은 요동을 친다. 반응 속도가 매우 빠르다. 우리나라는 부동산 세금이 많다. 집을 사면 취득세, 집을 보유하면 보유세, 집을 팔면 양도소득세, 고가 주택을 소유하고 있다면 종합부동산세를 부담한다. 또한 월세 수입자, 3주 택 이상 보유하고 전세 보증금 수입이 3억 원 이상인 다주택자라 면 종합소득세 등 세금 부담이 많다. 앞으로 부작용이 예상되는 세 금은 전세 보증금에 대한 세금이다.

과거 영국의 '창문세'처럼 다주택자들은 전세 보증금이 있는 주택수를 지속적으로 줄여나갈 것이다. 전셋집이 줄어들면 어떻 게 될까? 학교 다닐 때 수요와 공급의 원리를 배웠다. 그대로 적용 하면 된다. 전세 수요는 많은데 공급이 부족하면 가격은 상승한다. 전세금이 상승하면 전세 임차인의 주거비용이 올라간다. 반전세와 월세로 살아가게 될지 모른다.

줄어드는 주택 임대 사업자

정부는 임대 시장을 안정시키기 위해 임대 사업자에게 다양한 세 금 혜택을 주고 있다. 임대 사업자로 구청에 등록하고, 관할 세무 서에 가서 신고하면 임대 사업자 등록증을 받는다. 임대 사업을 잘 만 활용하면 여러 가지 세금 혜택을 누릴 수 있다. 임대 사업자가 되는 순간부터 시어머니가 생겼다고 생각하면 된다.

그러나 혜택을 주는 대신 임대 사업자의 의무를 다해야 한 다. 4년 단기 임대와 8년 준공공 임대를 선택해 등록하면 된다. 임

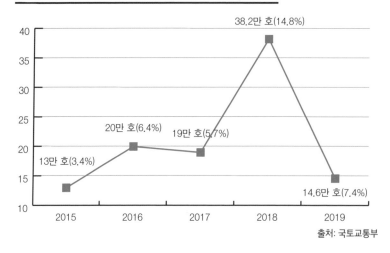

<그림 2-1> 연간 임대 사업자 및 임대 주택 신규 등록 추이

출처: 국토교통부

대 기간을 채우지 않고 팔면 과태료가 1채당 3,000만 원이다. 연간 임대료 인상도 5% 이내로 제한되어 있고 위반하면 역시 과태료가 1채당 3,000만 원이다. 그동안 받은 세금 혜택을 한순간에 날리지 않으려면 임대료 계산에 착오가 없도록 해야 한다.

2018년에 임대 사업자 수와 임대 주택수가 급격하게 늘어났다(〈그림 2-1〉). 그 이유는 정부에서 임대 사업자로 등록하면 세금 혜택을 많이 주었기 때문이다. 그러나 2019년에는 임대 사업자 수와 임대 주택수가 급격하게 하락했다. 그 원인은 집값이 상승해 임대 사업자의 혜택을 축소하고 페널티를 부여했기 때문이다. 임대 사업자는 주택을 임대하고 수익을 창출하는 투자자다. 투자자는 이익이 나는 쪽으로 가는 것이 시장경제 원리다.

7·10 부동산 대책으로 임대 사업자 제도가 전면 개편된다. 단

기 임대(4년)와 아파트 장기 일반 매입 임대(8년)가 폐지된다. 단기 임대와 장기 임대는 임대 의무기간 경과 즉시 자동 말소가 된다. 사실상 임대 사업 등록이 폐지가 된 것이나 마찬가지다.

전세가 없어지면 좋을까?

앞으로 전세 공급 물량은 줄어들 것으로 보인다. 전세 임대 자체가 사라지고 월세 위주의 임대 시장이 자리 잡을 것이라는 이야기를 많이 한다. 전세가 없어지면 좋을까? 몇 년 전만 해도 지방과 수도권 등에서 갭 투자자들이 적은 돈으로 아파트를 매입해 전세를 공급했다. 하지만 전세를 끼고 아파트를 매입하는 투자자를 투기꾼으로 몰아세웠다. 과연 전세 시장이 없어지는 것이 좋을까?

전세는 임대인과 임차인 서로에게 이익이 되니 성립하는 계약이다. 임대인으로서는 임차인의 전세 보증금(무이자) 레버리지를 사용해 적은 돈으로 아파트를 매입해 시세 차익을 얻으려고 한다. 임차인으로서는 손해 볼 것이 없다. 집값이 하락하거나 전세금이 떨어지면 모든 위험은 임대인이 떠안는다. 요즘은 집주인 동의 없이 '전세 보증금 반환보증'에 가입한다. 집주인이 만기 때 전세 보증금을 돌려주지 못하면, 전세 보증금 반환보증에서 보증금을 받을 수 있다.

투자는 항상 위험이 있기에 이익이 발생한다. 반면에 전세 임차인은 목돈을 2년간 임대인에게 맡기고 거주한다. 불과 5~7년 전만 해도 집을 사면 집값이 떨어질 것 같은 두려움에 전세 보증금을 올려주고서라도 살고 싶어 했다. 임차인은 월세가 들어가지 않

71

고, 저금리로 전세자금 대출을 받더라도 이자 부담은 덜했다. 월세보다 주거비용을 줄일 수 있다. 그래서 전세 선호도는 높아져갔다. 한번 생각해보자. 전세가 없어지고 월세로 살면 어떻게 되겠는가? 매월 나가는 월세는 주거비용에 상당한 부담을 준다.

앞으로 전세 공급은 더욱 줄어들 수밖에 없다. 최근 몇 년간 수도권은 주택 공급이 많아지고, 서울은 적정 공급량보다 부족했다. 서울은 공급이 부족한 상황이다. 우리나라 임대 시장의 약 80%가 민간에서 전세와 월세를 공급한다. 그런데 다주택자들이 전세를 끼고 아파트를 매입하는 물량이 점점 줄어들고 있다.

2019년 12·16 부동산 대책 중 하나가 4주택자 이상부터 취득세를 1%에서 4%로 인상된 것이다. 또 7·10 부동산 대책으로 2주택자는 취득세 8%, 3주택자는 취득세가 무려 12%까지 대폭 인상되었다. 임대사업자와 다주택자, 투자자 등 사실상 갭 투자가 어렵게 되었다. 지금 당장 전세난은 오지 않겠지만, 2~3년 후에 서서히 나타날 것이다. 현재 임대사업자에 대한 각종 규제와 임대 사업 등록 폐지로 인해 전세 공급은 시간이 지날수록 줄어들 수밖에 없다. 앞으로 서울 아파트 공급 물량도 줄어들고 전세 물량도 줄어든다. 아파트 공급과 전세 물량 부족으로 서울 아파트 가격은 동시 다발적으로 폭등할 수밖에 없다.

전세 물량을 늘리려면 전세금을 인상하지 않고 그대로 유지하는 임대인에게 파격적인 세금 혜택을 주면 된다. 취득세를 면제해주는 것도 아주 좋은 방법이다. 무엇보다 전세 보증금 과세를 전면 폐지해야 한다. 임대 시장의 주체는 결국 다주택자다. 전월세

<표 2-1> 등록 임대 사업자 공적 의무 사항

단계별	공적 의무 내용	과태료
임대차 계약 시	**1. 임대 사업자 설명 의무** -임대 사업자는 임차인에게 임대 의무 기간, 임대료 증액 제한(5%), 임대 주택 권리 관계(선순위 담보권 등) 등에 대해 설명하여야 합니다.	500만 원 이하
	2. 표준 임대차 계약서 양식 사용 의무 -임대 사업자가 임대차 계약을 체결하는 경우에는 법령에 정하는 표준 임대차 계약서 양식(민간 임대 주택법 시행규칙 별지 제24호 서식)을 사용하여야 합니다. -해당 양식 미사용 시 임대차 계약 신고가 수리되지 않을 수 있습니다.	1,000만 원 이하
	3. 임대차 계약 신고 의무 -임대 사업자가 임대료, 임대 기간 등 임대차 계약 사항(재계약, 묵시적 갱신 포함)을 관할 지자체에 신고하여야 합니다. * 신고 방법: 지자체(시·군·구) 방문 또는 '렌트홈' 온라인 신고 * 제출 서류: 임대차 계약 신고서 및 표준 임대차 계약서 -임대차 계약 신고 이력이 없는 경우에는 세제 감면이 제한될 수 있습니다.	1,000만 원 이하
임대차 계약 후	**4. 임대료 증액 제한 의무** -임대료(임대 보증금 및 월 임대료)를 증액하려는 경우 임대료의 5% 범위를 초과하여 임대료를 증액할 수 없습니다. 또한, 임대차 계약 또는 약정한 임대료 증액이 있은 후 1년 이내에는 임대료를 증액할 수 없습니다. -임차인은 증액 비율을 초과하여 증액된 임대료를 지급한 경우 초과 지급한 임대료의 반환을 청구할 수 있습니다.	3,000만 원 이하
	5. 임대 의무 기간 준수 의무 -임대 의무 기간(4년 또는 8년) 중에 등록 임대 주택을 임대하지 않거나(본인 거주 포함) 무단으로 양도할 수 없습니다.	임대 주택 1채당 3,000만 원 이하
	6. 임대차 계약 유지 의무 -임대 사업자는 임차인에게 귀책사유가 없는 한 임대차 계약을 해제·해지 및 재계약 거절을 할 수 없습니다. * 거절 사유: 월 임대료 3개월 연체, 부대시설 고의 파손·멸실 등	1,000만 원 이하

서울 아파트의 미래

기타	**7. 임대 사업 목적 유지 의무** -준주택(오피스텔)을 등록한 경우 주거 용도로만 사용하여야 합니다.	1,000만 원 이하
	8. 임대 보증금 보증 의무 -민간 건설 임대 주택 등 보증 의무 대상 주택(적용 대상: 민간 건설 임대 주택, 분양 주택 전부를 우선 공급받은 민간 매입 임대 주택 또는 동일 단지 내 100세대 민간 매입 임대 주택)은 임대 의무 기간 동안 임대 보증금에 대한 보증에 가입하여야 합니다.	(벌칙 사항) 2년 이하 징역이나 2,000만 원 이하 벌금
	9. 보고·검사 요청 시 협조 의무 -관리 관청이 임대 사업자에 필요한 자료 제출을 요청하거나 관련 검사를 실시할 경우 적극 협조하여야 합니다.	500만 원 이하

출처: 국토교통부

공급자는 민간 다주택자와 공공 부문의 정부가 역할을 하고 있다.

다주택자들은 부동산 정책에 따라 반응한다. 시장 흐름에 맞게 움직인다는 의미다. 각종 세금 과중으로 더는 집을 매입하는 것을 미루고 시장을 관망한다. 공급자 역할을 하고 있는 다주택자들이 집을 사고 전월세를 많이 공급해야 전월세 시장이 안정된다.

재건축이 늦어지면
서울 아파트 가격이 상승한다

서울은 아파트를 지을 수 있는 땅이 거의 없다. 그 대안으로 재건축과 재개발로 아파트를 공급해야 한다. 현재 서울 지역 안에는 재건축을 할 수 있는 노후 아파트가 많다. 이들 노후한 아파트를 허물고 신규 주택을 공급해야 한다. 아파트를 허물고 공사를 진행하면 멸실 가구가 늘어난다. 멸실 가구는 또 다른 주택수요를 부른다. 인근 부동산 가격이 상승하고 전월세가 상승한다.

이에 집값 안정을 위해 많은 노력을 하고 있는 정부는 '재건축 초과이익 환수제'를 시행했다. 재건축 초과이익 환수제는 재건축으로 조합원이 얻은 이익이 인근 집값 상승분과 비용 등을 빼고 1인당 평균 3,000만 원을 넘을 경우 초과 금액의 최고 50%를 부담금으로 환수하는 제도다. 2006년에 시행되었으나 주택 시장 침체 등의 이유로 2013~2017년 동안 유예되었다가 2018년 1월부터 다

서울 아파트의 미래

<표 2-2> 조합원 1인당 평균 이익 부과율

조합원 1인당 평균 이익	부과율 및 부담금 산식
3,000만 원 이하	면제
3,000만 원 초과~5,000만 원 이하	3,000만 원 초과 금액의 10%×조합원 수
5,000만 원 초과~7,000만 원 이하	200만 원×조합원 수 + 5,000만 원 초과 금액의 20%×조합원 수
7,000만 원 초과~9,000만 원 이하	600만 원×조합원 수 + 7,000만 원 초과 금액의 30%×조합원 수
9,000만 원 초과~1억 1,000만 원 이하	1,200만 원×조합원 수 + 9,000만 원 초과 금액의 40% ×조합원 수
1억 1,000만 원 초과	2,000만 원×조합원 수 + 1억 1,000만 원 초과 금액의 50%×조합원 수

출처: 국토교통부

시 시행되었다. 재건축 초과이익 환수제로 인해 재건축 사업이 지연되고 아파트 공급이 위축되고 있다.

재건축 부담금은 재건축 초과이익의 조합원 1인당 평균 이익에 따라 부과율이 달라진다. 조합원 1인당 3,000만 원 이하이면 면제 대상이다. 여기서 눈여겨봐야 할 것이 3,000만 원 이상 이익이 발생하면 금액별로 부과율과 부담금 산식이 적용된다. 1인당 3,000만 원을 넘으면 초과 금액의 10~50%를 세금으로 환수하는 것이다. 〈표 2-2〉와 같이 재건축 초과이익 범위가 어디에 속하는지 봐야 한다.

아파트 재건축 사업은 안전 진단, 정비 구역 지정, 추진 위원회 구성, 조합 설립 인가, 사업 시행 인가, 관리 처분 계획 인가, 이

돈이 되는 서울 아파트, 지금 당장 사라

주와 분양, 준공 등의 수많은 절차가 있다. 개시 시점은 주택 재건축 사업을 하기 위한 추진 위원회 구성을 말한다. 종료 시점은 재건축 사업의 준공을 말한다. 재건축 진행 시 사업이 신속하게 진행되기 위해 개시 시점과 종료 시점의 차이가 10년을 넘을 수 없도록 법으로 규정하고 있다. 그러나 재건축 안전 진단 강화, 각종 세금 강화, 조합원 지위 양도 제한, 대출 규제 등으로 사업 기간이 늘어난다.

재건축 초과이익 환수제는 결국 세금이다. 어떤 사업이든 세금이 늘어나면 심리적으로 위축될 수밖에 없다. 자본은 이익이 되는 방향으로 흘러간다. 재건축 초과이익 환수제로 인해 세금이 늘어나고 이익이 감소해 조합원들은 사업을 연기하려고 한다. 그렇게 되면 아파트 공급이 지연되는 부작용이 일어난다. 재건축 사업 연기와 취소는 아파트 공급을 더욱 위축시킨다. 공급이 위축되면 제일 먼저 영향을 받는 것이 전월세 임대 시장이다. 전월세 임대 시장은 수요가 많은데 공급이 없어서 가격이 상승한다.

〈표 2-3〉은 LH토지주택연구원에서 발표한 서울 주요 자치구별 노후 아파트 현황이다. 강남은 대한민국에서 부동산 가격이 가장 비싼 지역이다. 입지가 뛰어나고 누구나 살고 싶어 하는 지역이다. 하지만 서울 전체 재건축 아파트 중에서 30년이 넘은 노후 아파트의 27%가 강남에 집중되어 있다. 강남의 전체 아파트 13만 3,127가구 중 30년 이상 된 노후 아파트가 4만 4,619가구다. 노후 아파트 비율은 무려 33.5%로 강남에 있는 아파트 3가구 중 1가구가 30년 이상 된 아파트임을 알 수 있다. 30년 이상 된 아파트는 주

<표 2-3> 서울 주요 자치구별 노후 아파트 현황

지역	전체	30년 이상 아파트	비율
강남구	13만 3,127가구	4만 4,619가구	33.5%
강동구	7만 8,697가구	2만 4,153가구	30.7%
서초구	9만 84가구	2만 3,096가구	25.6%
용산구	3만 5,343가구	8,679가구	24.6%
송파구	11만 1,685가구	2만 1,490가구	19.2%

출처: LH토지주택연구원

차 면적이 좁고 주차장 수도 부족하다. 층간소음과 각종 배관 노후도 심각하다. 단지마다 재건축 사업이 연기되고 있어 주택 노후화가 갈수록 심해지고 있다.

서울 지역에 재건축이 활성화되면 공급이 늘어난다. 집을 선택할 수 있는 폭도 넓어지고 집값 안정에도 기여할 수 있다. 그렇다면 전국의 재건축 시장을 들여다보자.

한국건설산업연구원에서 30년 이상 된 노후 주택 추정치를 발표했다(<표 2-4>). 30년 이상 된 노후 주택은 2019년 355만 8,000가구에서 2025년 685만 3,000가구로 불과 6~7년 후에는 급격히 늘어난다는 것을 알 수 있다. 사람도 나이를 먹듯이 아파트도 나이를 먹는다. 나이가 들고 몸이 아프면, 병원에 가서 치료를 받아야 한다. 사람은 수명이 다하면 죽고 세상에서 없어진다.

아파트는 수명이 다하면 새롭게 다시 태어난다. 기존 건물을 허물고 다시 짓는다. 아파트 수명이 다할 때쯤 가장 중요한 것이

<표 2-4> 30년 이상 노후 주택 추정치

연도	가구수
2019년	355만 8,000가구
2020년	410만 7,000가구
2021년	465만 6,000가구
2022년	520만 5,000가구
2023년	575만 5,000가구
2024년	630만 4,000가구
2025년	685만 3,000가구

출처: 한국건설산업연구원, 통계청

무엇인가? 바로 안전이다. 아파트에는 수많은 사람이 살고 있다. 안전 진단을 받아 문제가 있으면 아파트를 재건축할 수밖에 없다. 마찬가지로 아파트는 시간이 지날수록 재건축 대상이 된다.

〈표 2-5〉는 노무현 정부부터 문재인 정부까지 역대 정권별 재건축 정책을 나타낸다. 이 표와 같이 재건축을 규제하고 경기에 따라 완화하고, 부동산이 과열되면 다시 규제하는 방향으로 변화해왔다. 규제, 완화, 완화, 규제 식으로 정책이 변경된 것을 알 수 있다. 그렇다면 부동산 정책의 역사를 공부하면 예측이 가능하다. 현재 재건축은 규제 대상이 되고 있다. 정부의 부동산 정책에는 절대 맞서지 말라는 격언이 있다. 시장의 흐름에 따라 카멜레온처럼 변화해야 한다. 전혀 실망할 필요가 없다. 몇 년 후에는 규제에서 완화로 변경될 것으로 보인다.

서울 아파트의 미래

<표 2-5> 역대 정권별 재건축 정책

정부	내용
노무현 정부	재건축 후분양제 실시, 재건축 안전 진단 강화, 재건축 소형 주택 의무 비율 도입, 재건축 초과이익 환수제 도입
이명박 정부	재건축 초과이익 부담금 부과 유예, 조합원 지위 양도 금지 폐지, 재건축 후분양제 폐지, 전매 제한 기간 단축
박근혜 정부	재건축 연한 30년으로 단축, 재건축 초과이익 부담금 부과 추가 유예, 전용 면적 85㎡ 이하 의무 확보 요건 중 연면적 기준 폐지
문재인 정부	재건축 초과이익 환수제 본격 시행, 재건축 안전 진단 기준 변경, 재건축 연한 조정 시사

출처: 부동산114

지금까지 서울의 재건축에 대해 알아보았다. 서울은 현재 30년 이상 된 아파트가 30% 이상을 차지한다. 재건축 사업이 늦어지면 여러 가지 부작용이 있다. 첫째, 전월세 물량이 급감해 임대 시장에 부담을 줄 수 있다. 서울의 아파트 공급은 대부분 재건축과 재개발로 이루어져 있기 때문에 재건축을 활성화하지 못하면 전월세 시장은 불안해질 수밖에 없다

둘째, 공급 부족으로 아파트 가격이 폭등한다. 매년 서울의 아파트 공급 물량은 대략 5만 가구로 추정되고 있는데, 2020년부터 공급 물량이 줄어들고 있다. 이것을 해결하기 위해 재건축 규제를 완화해야 한다. 용적률을 대폭 올리고 좁은 땅 위에 건물을 수직으로 올려 가구수를 늘려야 한다.

셋째, 아파트에 대한 소비자의 선택 폭이 갈수록 줄어든다. 다양한 제품이 많고 서로 경쟁할수록 품질이 좋아지고 가격이 저렴

해진다. 경쟁력을 갖추지 못하면 시장에서 퇴출되기 때문이다. 그러나 서울 지역 내 아파트 시장을 보면 소비자가 선택할 수 있는 것이 거의 없다. 아파트가 부족하고 가격이 비싸 신규 아파트는 엄두도 못 내는 상황에서, 서울의 아파트는 소비자의 선택권이 없다고 보면 된다.

자금과 담보 대출 여건이 된다면 서울 지역 아파트는 분양을 받아야 한다. 청약에서 떨어지면 다른 방법을 찾아 아파트를 구매해야 한다. 교육환경, 입지, 교통 여건 등 자신에게 맞는 아파트를 찾아 신축 아파트건 구축 아파트건 하루 빨리 구매해야 한다.

서울 아파트 가격이 너무 많이 올랐다고 떨어질 때까지 기다려서는 안 된다. 아파트는 지금이 제일 비싸다. 그러나 5년 후 혹은 10년 후에 아파트 가격이 제자리에 있을까? 아파트의 5년 전 가격과 10년 전 가격 흐름을 보면 항상 우상향으로 올랐다. 오히려 서울에서 전세로 거주하다가는 5~10년 후 전세 가격 상승으로 서울 외곽으로 밀려나갈 수밖에 없다.

멸실 가구가 증가하면
부동산 가격이 올라간다

부동산은 다양하고 복잡한 영역이다. 대부분의 제품은 중고가 되는 순간 가격이 떨어지지만 부동산은 다르다. 집은 거주하면서 마르고 닳도록 사용해 낡게 된다. 그러나 제품을 바로 찍고 생산하고 늘릴 수 없는 것이 부동산이다. 연식이 오래되면 재건축과 재개발로 다시 태어나야 가치가 올라간다. 태어나는 과정에서 수많은 일이 발생한다.

건물을 허물면 기존에 살고 있는 사람들은 이주한다. 사람들은 살고 있는 지역에 계속 살고 싶어 하므로 일시적으로 그 지역은 전월세 수요가 많아진다. 그러면 부동산 가격이 상승한다. 이주 수요에 따라 부동산 투자를 고려하는 것도 방법이다.

서울의 재건축과 재개발로 인한 멸실 수요에 대비해 투자하라. 서울은 재건축과 재개발이 아니고서는 주택을 공급하기 어렵

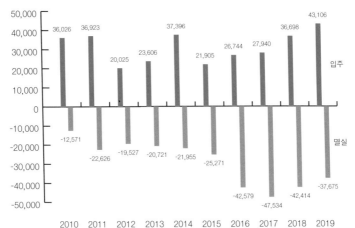

<그림 2-2> 서울 주택 입주 및 멸실 물량 추이

단위: 가구, 출처: 국토교통부, 부동산114

다. 개발할 수 있는 땅은 턱없이 부족하다. 물론 전혀 없는 것은 아니다. 용산 옛 미군기지 부지에 공공임대 주택을 건설할 수 있다. 현재 국민청원도 올라간 상태다. 또 그린벨트를 해제해 공공임대 주택과 민간 주택을 짓는 방안이 있다. 하지만 그린벨트를 해제하려면 각종 환경 단체의 반대와 복잡한 입법 과정 때문에 어려울 것으로 보인다.

〈그림 2-2〉는 서울의 주택 입주와 멸실 물량 추이다. 멸실 가구가 2010년부터 2019년까지 10년간 꾸준히 늘어나고 있다. 여기서 눈여겨봐야 할 구간은 2016년부터 2019년까지로, 멸실 가구수가 평균 4만 가구 이상으로 급격히 늘어나고 있다. 재건축과 재개발 완화 시점에 정비 사업이 활발하게 이루어졌음을 알 수 있다. 멸실 가구수가 급격하게 늘어나면 주택수 부족으로 인근 부동산

서울 아파트의 미래

가격은 상승할 수밖에 없다.

2015년 11월 서울 강동구 지역에 대규모 재건축으로 이주 수요가 발행해 인근 아파트 전세 가격이 폭등했다. 전세 가격이 서울 평균의 2배 이상 상승한 것이다. 서울 집값은 단순히 입주 물량만 생각해서는 안 된다. 재건축과 재개발의 멸실 가구수까지 고려해야 한다. 몇 가지 통계만 보고 이사나 투자를 하면 어려움에 처할 수 있다.

서울의 주택 입주와 멸실과 관련해 문제점을 찾아볼 수 있다. 2010년에 서울 주택 입주 물량은 3만 6,026가구, 멸실 물량은 1만 2,571가구다. 입주 물량과 멸실 물량의 차이는 2만 3,455가구다〈그림 2-3〉. 2만 3,455가구가 순 입주로 가장 많았다. 플러스 순 입주는 2010년부터 2014년까지 지속되었다. 이 시기는 서울 아파트 가격이 안정된 시기였다. 순 입주에 대한 변곡점이 발생하는 시기는 2015년이다. 2015년에 순 입주는 마이너스로 돌아선다. 2015년에 -3,366가구였다.

2015년부터 2018년까지 마이너스 순 입주가 나타났다. 이 시기에 주택 공급 희소성이 부각되었다. 2017년의 순 입주 물량은 -1만 9,594가구다. 대략 2만 가구라는 사상 최대치의 주택이 사라져버린 것이다. 이때 서울 아파트 가격과 전세 가격 상승의 시그널이 나타나기 시작했다.

서울 지역 내 멸실 가구를 알아보려면 아파트 입주 예정 물량을 보면 된다. 2015년부터 2017년까지는 서울의 아파트 입주 물량이 부족한 시기였다. 멸실 가구와 입주 가구 감소로 서울 지역

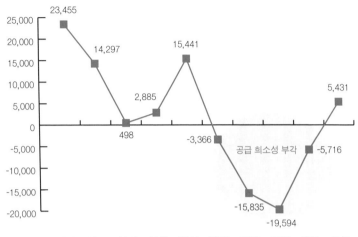

〈그림 2-3〉 서울 순 입주(입주+멸실) 추이

출처: 국토교통부, 부동산114

내 아파트 가격 상승과 전세 가격 상승 압력이 높아지는 시기였다. 실수요자를 파악하기 위해서는 전세 시장을 보면 된다. 서울 지역 내 전세는 씨가 말랐다. 다주택자들은 집이 여러 채 있지만 1주택 에서만 살고 있다. 여러 주택에서 살기란 불가능하다. 그래서 남는 주택을 임대하는 것이다.

〈그림 2-4〉처럼 2015년부터 입주 물량이 급격히 줄어드는 변곡점이 발생했다. 2016년과 2017년에 조금씩 입주 물량이 상승 하다가 2018년과 2019년에 입주 물량이 늘었다. 그러나 2020년부 터 줄기 시작해 2021년에는 줄어든다. 멸실 가구와 입주 가구 감 소는 서울에 집이 있는 사람들에게는 부동산으로 자산을 증식할 수 있는 기회다. 반면 집이 없는 무주택자들에게는 주거가 더욱 불

<그림 2-4> 서울의 아파트 입주 물량 추이

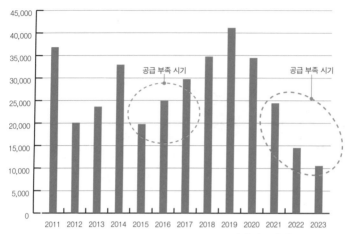

공급 부족 시기

공급 부족 시기

단위: 가구, 출처: 국토교통부, 통계청

안해진다.

　서울 지역 내 아파트 가격과 전세 가격을 안정시키기 위해서는 다음과 같은 조치가 필요하다. 첫째, 멸실 가구수와 입주 가구수를 면밀하게 검토해야 한다. 멸실 가구가 많고 입주 가구가 감소하면 주택 시장이 과열된다. 서울에서 주택 시장을 안정시키려면 주택을 좀 과하게 공급해야 한다. 재건축과 재개발의 규제를 과감하게 풀고, 용적률을 상향시켜야 한다.

　둘째, 다주택자에게 임대 사업 등록 시 세금 혜택을 주어야 한다. 예를 들어 전세금과 월세를 시세보다 낮게 임대해주거나 임대료를 인상하지 않으면 각종 세금 혜택을 부여하는 것이다. 다주택자들은 세금에 따라 움직인다. 전세금 인상 없이 재계약할 때 보유세 50% 감면과 양도소득세 추가 10% 혜택 등 다양하다. 세금으로 혜택을 주면 임대 시장은 안정을 찾을 수 있다.

셋째, 다주택자에 대한 사회적 인식이 바뀌어야 한다. 2채 이상 집을 가진 사람을 투기꾼으로 몰아세우는 사회적 인식은 바람직하지 않다. 다주택자들은 정부가 하지 못하는 임대 시장을 대신 끌어가고 있다. 또한 보유세, 종합부동산세, 취득세, 양도소득세 등 각종 세금을 납부해 세수 증대에 큰 역할을 한다. 또한 부동산 거래 시 각종 중개수수료와 법무사 수수료를 내고, 은행 대출 이자를 부담한다. 더불어 집을 임대할 때 인테리어를 하는 등 경제 활성화에 많은 일을 한다.

인허가 물량이
줄어들고 있다

정부 정책으로 인해 인허가 물량이 점점 줄어들고 있다. 주택 건설은 사업과 비슷한 맥락을 가지고 있다. 기업은 사업성이 있으면 사업을 적극적으로 진행하고 추진한다. 사업성이 없고, 경제 변동성에 따라 리스크가 존재하면 사업을 연기하거나 접는다. 특히 아파트를 분양하는 건설사는 분양률이 저조하거나 건설 경기 여부에 따라 회사의 운명이 결정된다. 분양률이 저조하면 건설사는 자금 유동성 위기에 빠진다. 재무가 튼튼한 회사는 별로 없기 때문이다.

현재 건설사는 각종 부동산 규제 정책으로 아파트 분양을 연기하거나, 사업성이 없는 곳은 과감하게 접고 있다. 사업을 늘려나가기보다 내부를 내실 있게 다지고 있는 것이다. 건설사가 분양을 많이 해야 하는데 현재는 그렇지 못하다. 손해를 보면서 사업하는 기업은 없기 때문이다. 향후 주택 공급과 물량 추이를 살펴보자.

돈이 되는 서울 아파트, 지금 당장 사라

<그림 2-5> 서울의 택지 지정 및 공급 현황

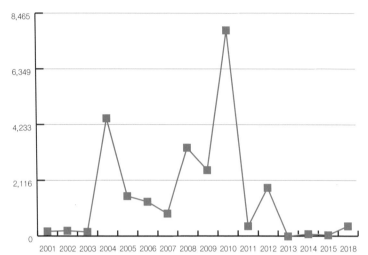

출처: 통계청

줄어드는 택지 공급 실적

택지 공급 실적을 보면 미래의 주택 공급량을 알 수 있다. 택지 공급 실적은 국토교통부와 통계청에 자료가 나와 있다. 조금만 관심을 가지면 자료를 활용할 수 있다.

〈그림 2-5〉는 2001년부터 2018년까지 서울의 택지 공급 실적이다. 2012년까지는 서울에서 택지를 공급했다. 그러나 2013년부터 택지 공급에 커다란 변화를 볼 수 있다. 그때부터 사실상 택지 공급 실적이 거의 없다고 보면 된다. 2018년까지 무려 6년간 택지 공급이 거의 없다. 서울에는 개발할 토지가 없다. 토지는 만들 수 없어 오래된 건물을 철거해서 건물을 지을 수밖에 없다. 즉 재건축, 재개발, 도시 재생 사업을 통해 주택을 공급할 수밖에 없다.

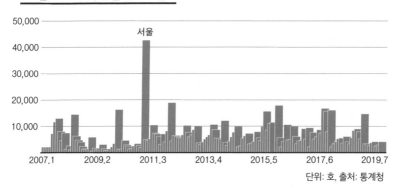

<그림 2-6> 주택 건설 인허가 실적

단위: 호, 출처: 통계청

줄어드는 주택 건설 인허가 실적

앞으로 다가올 분양 물량을 예측하는 것은 가능하다. 인허가 물량을 확인하는 것은 매우 중요하다. 주택 착공과 인허가 실적은 미래의 주택 공급을 예측할 수 있다. 분양 감소와 입주 감소는 주택 공급 지표 악화로 서울의 집값 상승 시그널이 된다.

〈그림 2-6〉은 2007년 1월부터 2019년 7월까지 주택 건설 인허가 실적이다. 이 그래프에서 알 수 있듯이 2019년 1월부터 2019년 7월까지 인허가 물량은 많지 않다. 보통 아파트 착공 후 준공까지 2~3년이 소요된다. 2021년 이후부터는 주택 입주 물량이 줄어들 것으로 예측된다. 주택 공급 감소는 사회적으로 많은 문제점을 발생시킨다.

첫째, 집값이 상승하면 사회 초년생들이 피해를 본다. 이들은 대학을 졸업하고 직장에 취업한다. 그리고 몇 년 후에 결혼한다. 그때 주거 문제가 발생한다. 집값이 소득에 비해 너무 높기 때문에 부모님에게 빌리거나 대출을 받을 수밖에 없다.

둘째, 주거비용 상승이다. 소득에 비해 집값이 너무 비싸 전월세로 간다. 전세로 들어간다면 그나마 다행이다. 전세금이 너무 올라 반전세로 들어가거나 월세로 들어간다. 월세로 들어가면 주거비용이 높아진다.

셋째, 주거환경의 양극화다. 소득이 많고 잘사는 가구는 입지가 좋은 지역에 들어간다. 양질의 교육을 시킬 수 있다. 앞으로 시간이 지날수록 양극화가 더 심화할 것이다.

줄어드는 건설사 분양 실적

민간에 아파트를 공급하는 주체는 건설사다. 건설사는 아파트를 지을 수 있는 땅을 미리 구입했다가 시장 여건에 따라 아파트 개발에 들어간다. 부동산 규제가 완화되고 부동산 가격이 상승할 시점에서 대량으로 아파트를 공급한다. 분양이 잘 되어야만 건설사는 운영·유지될 수 있다. 건설사는 부동산 규제에 매우 민감하게 반응한다.

2008년 글로벌 금융위기를 겪으면서 건설사는 많은 어려움에 처했다. 분양이 안 되고 현금 흐름이 악화해, 정부는 건설사에 대한 과감한 구조조정을 했다. 이런 학습 효과일까? 아파트 분양에서 사업성을 다각적으로 면밀하게 검토한다. CEO 한 사람이 결정하는 것이 아니라 외부 유명 업체의 컨설팅을 받고, 경기 등을 종합적으로 판단해 분양가를 결정한다. 위기에 대비해 잘 되는 지역을 공략한다.

〈그림 2-7〉은 연간 민간 아파트 계획 물량 대비 분양 실적 물

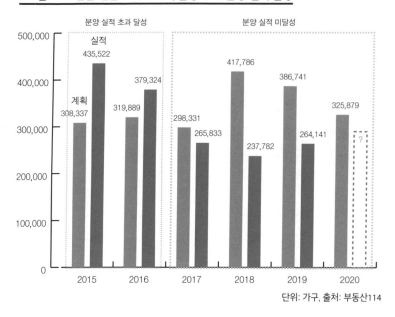

<그림 2-7> 연간 민간 아파트 계획 물량 대비 분양 실적 물량

단위: 가구, 출처: 부동산114

량이다. 2015년부터 2016년까지 계획보다 분양 실적 물량이 초과 달성되었다. 이 시기에는 부동산 활성화 정책으로 분양만 했다 하면 완판되었던 시기임을 알 수 있다.

문제는 2017년부터 발생한다. 계획보다 실적이 감소하기 시작해 2018년과 2019년에는 급격히 감소한다. 계획한 물량은 많은데 부동산 규제로 분양을 미루다 보니 주택 공급에 차질이 생기고 집값은 오를 수밖에 없었다. 2020년의 계획 물량은 32만 5,879가구다. 아직 분양 실적은 나오지 않았지만 역시 저조할 것으로 보인다. 2018년부터 2020년까지 계획 물량이 3년 연속 줄어들고 있고, 아파트 공급은 큰 차질을 빚을 것이다.

앞으로 택지 공급, 인허가 물량, 건설사 분양 물량이 줄어들 것이다. 서울 지역 내 택지는 부족하고 그로 인해 인허가 물량이 줄어든다. 건설사 분양 실적도 시간이 지날수록 낮아지고 있다. 주택 공급이 주택수요에 맞게 이루어지지 않는 것이다. 주택 공급이 매년 들쑥날쑥하다면 집값은 더욱 불안정해지고 전월세 가격이 급등할 것이다.

서울 아파트는
양극화가 심화된다

서울 아파트는 지역별로 양극화가 심화되고 있다. 서울 25개 자치구 중에서 상위권 입지와 하위권 입지의 아파트 가격 차이가 점점 벌어지고 있다. 신축 아파트와 구축 아파트의 가격 차이도 점점 커지고 있다. 신축 아파트는 다양한 편리성과 커뮤니티 시설 등 트렌드에 맞게 설계되어 선호도가 높다. 구축 아파트에 비해 신축 아파트가 훨씬 편리하기 때문이다.

또 교육환경에 따라 아파트 가격이 차이가 난다. 원하는 학교가 있는 지역에 전입해야 원하는 학교를 배정받을 수 있다. 학부모는 아이들을 우수한 학교에 보내고 싶어 한다. 우수한 학교가 있는 지역은 대부분 입지가 좋고 아파트가 비싸다.

아파트 시장은 질적인 측면에서도 변화하고 있다. 30년 이상된 아파트의 가장 큰 불편 요인 중 하나인 주차장을 예로 들 수 있

돈이 되는 서울 아파트, 지금 당장 사라

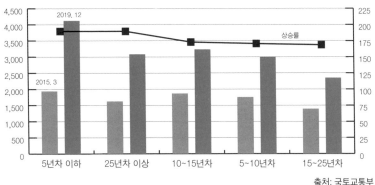

출처: 국토교통부

다. 아파트를 선택할 때 주차 요소는 중요하다. 기본적으로 주차 대수가 부족해 퇴근 후 주차를 하려면 주차장을 몇 바퀴씩 돌기 일 쑤다. 주차에 성공해도 주차 간격이 좁아 내릴 때 비집고 내려야 한다. 신축 아파트는 주차 대수가 세대당 1대 이상이고 주차 간격 도 넓다. 지하에 있어서 날씨의 영향도 받지 않고 편리하게 이용할 수 있다.

하지만 많은 사람이 살고 싶어 하는 서울 지역은 수요에 비해 신축 아파트 공급이 부족하다. 그 때문에 아파트 신규 분양을 하면 청약 경쟁률이 치열해 당첨되기 쉽지 않다. 당첨되면 프리미엄이 붙기 때문이다.

〈그림 2-8〉은 2015년 3월부터 2019년 12월까지 연차별 아파 트의 3.3 ㎡당 매매가 상승률이다. 5년차 이하 신규 아파트가 4년간 신규 아파트 가격 상승률 중에서 가장 높았다. 두 번째로 가격 상승

<표 2-6> 서울의 아파트 3.3㎡당 평균 가격

순위	지역	가격	순위	지역	가격
1	강남구	4,082만원	13	동작구	1,828만원
2	서초구	3,571만원	14	강서구	1,670만원
3	송파구	2,765만원	15	서대문구	1,601만원
4	용산구	2,660만원	16	동대문구	1,488만원
5	양천구	2,142만원	17	성북구	1,419만원
6	성동구	2,112만원	18	은평구	1,412만원
7	강동구	2,089만원	19	관악구	1,409만원
8	마포구	2,076만원	20	노원구	1,366만원
서울 평균		2,039만원	21	구로구	1,353만원
9	중구	1,990만원	22	강북구	1,267만원
10	광진구	1,987만원	23	금천구	1,238만원
11	종로구	1,980만원	24	중랑구	1,208만원
12	영등포구	1,874만원	25	도봉구	1,185만원

출처: KB부동산(2017년 10월 기준)

률이 높은 아파트는 의외로 25년차 이상 아파트였다. 그 이유는 입지가 뛰어나고 재건축할 수 있는 단지들이기 때문이다. 연식이 오래되어도 입지에 따라 가격이 달라지는 것이다. 같은 서울에서도 지역별 위상이 점점 더 분화分化되고 있다. 지역마다 매수하는 방법도 기대 수익률도 달라야 한다. 입지별로 차이가 크기 때문이다.

　　서울 지역 내 아파트 3.3㎡당 평균 가격은 2,039만 원이다(〈표2-6〉). 가장 높은 곳은 역시 강남구로 3.3㎡당 4,082만 원이다. 아파트 평균 가격 순위 상위권(1~5위)은 강남 3구와 용산구, 양천

학급당 학생 수 상위 10개교			학급당 학생 수 하위 10개교		
자치구	학교	학생 수	자치구	학교	학생 수
강남구	대도초	38.29명	동작구	본동초	10.50명
중구	숭의초(사립)	35.78명	강남구	개포초	11.63명
서초구	원촌초	35.36명	광진구	화양초	13.09명
동작구	보라매초	34.10명	강서구	등명초	14.33명
양천구	목운초	34.02명	강동구	고일초	14.60명
강남구	대모초	33.88명	강동구	고덕초	14.67명
서초구	원명초	33.05명	강서구	등양초	14.69명
서초구	신동초	32.89명	중구	남산초	14.73명
송파구	잠일초	32.46명	광진구	양남초	14.75명
송파구	버들초	31.65명	용산구	용암초	14.92명

출처: 서울시교육청(2017년 3월 기준)

구다. 1위인 강남구와 25위인 도봉구의 시세는 3배 이상 차이가
난다. 아파트 평균 가격이 상위권일수록 교육환경과 교통환경이
좋고, 양질의 일자리가 많은 입지임을 알 수 있다.

1위 강남구는 1975년에 개발되기 시작해 우리나라에서 30년
이상 가장 비싼 지역이다. 부동산 가치를 좌우하는 교육, 상권, 일
자리 등 모든 요소를 갖추고 있다. 앞으로도 강남구를 대체할 입지
는 없다. 25위의 도봉구는 서울 외곽에 있다. 창동 역세권 개발 계
획을 제외하면 도봉구는 대규모 개발이 없다.

출산율이 떨어지면서 초등학생 수도 줄어든다. 하지만 교육
환경이 뛰어난 곳은 학생 수가 넘친다. 서울 초등학교 학생 수는

지역에 따라 양극화가 심해지는 것을 알 수 있다〈표 2-7〉. 우리나라에서 교육환경이 좋은 곳은 강남 3구와 양천구 목동이다. 이 지역의 초등학교에 입학하려면 해당 지역에 이사해야 한다.

강남구의 대도초등학교 학급당 평균 학생 수는 38.29명이다. 학급당 평균 학생 수 상위 10개교가 있는 자치구를 보면 강남 3구가 가장 많다. 평균적으로 초등학교 학생 수가 많은 지역일수록 입지가 뛰어나고 아파트 가격이 높다. 반면 학생 수가 적을수록 입지가 떨어지는 곳으로 볼 수 있다. 학급당 학생 수 하위 10개교 중 눈에 띄는 자치구와 학교가 보인다. 바로 강남구의 개포초등학교다. 재건축 지역에 있는 개포초등학교는 예외적으로 강남에서 학생 수가 줄어든 곳으로, 2017~2020년 휴교에 들어간 상태다.

부동산 가격의 양극화는 점점 심화될 것으로 보인다. 우선, 신규 아파트와 연식 있는 아파트의 가격 양극화가 심화된다. 신규 아파트의 상품 경쟁력은 질적으로 변화하고 있다. 요즘 새로 지은 아파트의 외부 공간을 보면 문주, 조경, 주차장, 커뮤니티 시설, 주동을 만들어 고급스러움을 느낄 수 있다. 내부 공간은 4베이bay 평면 구조와 세대 내부 각 공간, 인테리어 마감재, 내부 시스템 등에서 편리성이 높아지고 있다.

또한 비싼 아파트는 계속 비싸진다. 희소성이 더욱 부각된다. 비싼 아파트는 부동산 가치라고 할 수 있는 4가지 요소를 모두 충족시킨다. 교육환경, 일자리, 상권, 교통환경 등 어느 하나 부족함이 없다. 비싼 아파트 지역을 보면 수요 대비 공급이 항상 부족하다. 수요층과 대기 수요층이 많다. 누구나 들어오고 싶어 하는 지역이다. 비싼 아파트는 앞으로 가격이 상승할 것으로 보인다.

또 다른 요인은 교육 수요다. 강남 3구 지역과 양천구 등 교육환경이 뛰어난 지역은 입학 시즌이 되면 전세 물량이 거의 없다. 교육 여건이 좋은 곳은 지속적으로 아파트 가격이 상승하고, 그렇지 못한 지역과 격차가 점점 커질 것으로 보인다.

앞으로 어떻게 될 것인가? 비싼 아파트는 더 비싸진다. 강남구와 도봉구의 아파트 $3.3\,m^2$당 가격 차이가 현재 3배 이상이지만, 향후에는 5배 이상 벌어질 수도 있다. 양극화는 불가피하다. 누구나 살고 싶어 하는 지역은 비슷하기 때문이다.

서울 아파트의
슈퍼 상승 사이클이 다가온다

서울 아파트 가격 상승 사이클이 다가오고 있다. 가장 큰 원인은 수요에 비해 턱없이 부족한 공급이다. 아파트 수요가 늘면 공급이 동시에 늘어나야 한다. 아파트를 수요보다 많이 공급해야만 집값이 안정된다. 그러나 수요에 맞게 공급하는 것조차 사실상 불가능하다. 아파트는 공장에서 찍어내듯 생산하기 어려운 재화이기 때문이다.

사상 초유의 아파트 공급 부족
공신력이 있는 부동산 자료를 수집하고 현장을 부지런히 다니면 자산을 늘릴 수 있다. 부동산의 큰 장점 중 하나가 예측이 가능하다는 점이다. 아파트를 짓기 위해서는 땅이 필요한 만큼 한국토지주택공사의 택지 공급 실적에 따라 향후 공급 물량을 예측할

돈이 되는 서울 아파트, 지금 당장 사라

수 있다. 인허가와 착공 여부로도 알 수 있다. 건설사의 아파트 분양 공고를 확인하거나 청약을 할 수 있는 '청약Home(https://www.applyhome.co.kr)'에서 확인할 수 있다.

2019년 12월 12일 『이투데이』에 「주택 인허가 착공·입주 '뚝'…서울 '공급 절벽' 코앞」이라는 기사가 실렸다. 이 기사의 핵심 내용은 '서울 아파트 공급 부족'과 그로 인한 '집값 상승'이다. 이 기사에서 알 수 있듯이 주거에 대해 고민을 해봐야 한다. 집을 살 것인가, 말 것인가?

최근 몇 년간 집값이 올라서 집값이 떨어지면 사겠다는 사람이 많다. 아파트 가격이 하락할 것이라는 하락론자의 이야기를 너무 많이 듣기 때문이다. 특히 인터넷 부동산 기사를 보면 집값 하락에 대한 기대가 주를 이룬다. 하락론자는 각종 통계 수치를 가지고 논리 정연하게 설명한다. 하락에 대한 유리한 통계들만 가지고 분석한다. 내 집 마련을 망설이는 사람들이 하락론자의 이야기를 들으면 무릎을 치면서 아직 살 때가 아니라고 생각한다. 좀더 기다리면 가격이 떨어질 것이고 그때 사면 된다는 논리다.

부동산은 기다려주지 않는다. 특히 서울 아파트는 그렇다. 대출을 일으키면 살 수 있었던 아파트가 몇 년 후 가격이 너무 올라 살 수 없게 된다. 가격 상승 폭이 너무 커서 도저히 엄두를 낼 수 없다. 기회를 놓친 것이다. 아파트 가격 급등 기사를 보며 후회하지만 이미 때는 늦었다.

투자에는 항상 리스크가 존재한다. 안전한 것은 없다. 안전만 찾으면 어떤 일도 할 수 없다. 내 집은 반드시 필요하다. 주거가 안

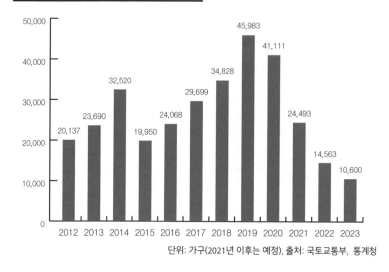

단위: 가구(2021년 이후는 예정), 출처: 국토교통부, 통계청

정되면 심리적으로 편안함을 느낄 수 있다. 전세 기간 2년은 무척 짧다. 더는 집주인의 눈치를 보지 않아도 된다. 이사 스트레스도 받지 않는다.

〈그림 2-9〉는 향후 서울 아파트 입주 물량 추이다. 입주 물량이 들쑥날쑥하다. 많을 때는 많고 적을 때는 적다. 현재 서울 아파트 가격은 지속적으로 상승하고 있다. 서울 아파트 입주 물량은 2015년부터 2019년까지 지속적으로 완만하게 상승했다. 2020년에 물량이 조금 줄다가 2021년에는 거의 반 토막이 된다. 물량 감소는 아파트 가격 상승을 부추긴다.

서울의 25개구는 투기 과열 지구다. 양도소득세 증가, 종합부동산세 강화, 공시지가 상승, 주택 구입 자금에 대한 출처 내역 제출, 재건축 초과이익 환수제가 시행되고 있다. 특히 재건축 초과이익 환수제와 곧 시행될 분양가 상한제가 아파트 공급을 어렵게 하고 있다.

아파트는 주로 건설사에서 공급한다. 건설사는 분양해서 돈을 버는 회사다. 부동산 경기가 좋고 분양이 잘될 때 대규모로 아파트를 건설한다. 이익이 없으면 사업을 연기하거나 접는다. 재건축 초과이익 환수제로 건설사는 이익이 줄어들었다. 자신이 사업체를 운영하고 있다고 생각해보라. 그동안 쌓아온 기술력과 노하우로 원가 비중을 줄이고 이익을 극대화하려고 한다. 그런데 가격을 통제하면 어떤 생각이 들겠는가? 분양가 상한제는 많은 부작용을 낳을 수밖에 없다.

시중의 풍부한 유동성 현금

국내외 경제는 위축되고 불안한 상태다. 그 때문에 시중에는 유동성 자금이 풍부하다. 통화량이 늘어나면 자금이 부동산과 금융 시장으로 이동한다. 돈을 지키기 위해 인플레이션 헤지inflation hedge가 가능한 자산에 돈이 쏠린다. 현재보다 좀더 나은 집을 구입한다. 삶의 질을 높이기 위해 더 좋은 제품을 사용한다. 또한 레저 활동을 늘리고 해외여행도 증가하게 된다. 기업은 공장을 증설하거나 각종 연구개발비를 증액시켜 미래에 대비한다. 지금처럼 대내외적으로 경제에 대한 충격파를 피하기 위해 사내유보금으로 쌓아놓는 이유이기도 하다.

통화량이 증가하면 물가상승으로 인해 실물자산에 영향을 미친다. 우리나라 가계 자산 중 70% 이상이 부동산이다. 부동산이 가장 안전한 자산이면서 증식 속도가 빠르기 때문이다. 인구밀도가 높고 땅이 좁기 때문에 부동산 쏠림 현상이 나타날 수밖에 없다. 여기에 통화량이 증가하면 자산 가격 인플레이션 현상까지 나타난다. 화폐 가치가 떨어진 만큼 부동산 가격이 오르는 것이다.

우리나라의 광의통화(M2)*는 2000년 1월 기준으로 677조 원에서 2019년 기준으로 2,717조 원이다. 광의통화량이 19년 동안 677조 원에서 2,717조 원으로 무려 4배가 늘어났다. 통화량 증가는 경제에 미치는 영향이 크다. 물가상승과 임금 상승에 영향을 준다. 그로 인해 인플레이션이 가중되고 결국 부동산 가격이 올라간다.

반대로 광의통화량이 줄어들면 어떻게 될까? 통화량이 줄어들면 상품과 서비스 가격 등 물가가 내려간다. 돈의 가치는 올라가고 은행에서는 돈을 빌려주지 않는다. 돈의 가치가 말 그대로 금값으로 둔갑해버린다. 시중에 돈이 없으니 부동산 자산과 금융 자산이 줄어들 가능성이 상당히 높다. 물가가 하락하고 소비가 위축되어 기업도 투자하지 않는다.

〈그림 2-10〉을 보면 광의통화량이 상승함에 따라 서울 아파트 매매 가격 지수가 상승하는 것을 알 수 있다. 2000년 1월부터 2019년 1월까지 20년간 광의통화량은 꾸준히 상승했다. 우리 경제가 성장하고 규모가 커진 것을 알 수 있다.

---

* 광의통화: 협의 통화에 정기 예·적금 및 금융채, 시장형 상품, 실적 배당형 상품 따위를 합하여 이르는 말. M2: 현금, 요구불 예금 합계에 저축성 예금, 양도성 예금 증서(CD), 금융채 등을 더해서 구한 시중 통화량.

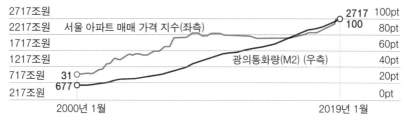

<그림 2-10> 광의통화량과 서울 아파트 매매 가격 지수 추이

출처: 한국은행, KB국민은행

2000년 1월 당시에 서울 아파트로 내 집 마련을 하지 않고 현재까지 전세를 살면서 저축을 하고 있었다면 어떤 결과를 낳게 되었을까? 물가상승과 인플레이션으로 돈의 가치는 대폭 떨어졌다. 20년 전 전세 가격과 현재 전세 가격은 같을까?

결론적으로 서울 아파트 가격은 상승 사이클이 진행 중에 있다. 2021년부터 몇 년간 최고의 상승세를 맞을 것으로 예상된다. 폭등 장세가 이어질 가능성이 높다. 가장 큰 원인은 바로 아파트 공급 부족과 통화량 상승, 사상 최대 저금리다. 최대한 빨리 내 집 마련을 해야 한다. 담보 대출 이자나 집값 하락 등을 두려워할 필요는 없다. 여력이 있을 때 내 집 마련을 해서 자산 보호와 주거 안정을 동시에 누릴 수 있다.

미래 가치가 더해질
역세권 프리미엄

서울은 역세권에 따라 미래 가치가 결정된다. 서울 지하철 노선은 지속적으로 확장되어 거미줄처럼 서울 전 지역뿐만 아니라 수도권까지 연결되어 있다. 역세권은 부동산 입지를 결정한다. 역세권에 있는 아파트 가격은 비싸다. 하지만 역세권이라 해도 다 똑같지 않다. 역세권 프리미엄은 먼저 '일자리 노선'인지 확인해야 한다. 우리나라에서 일자리가 가장 밀집된 지하철 노선은 2호선이다. 지하철 2호선이 지나가는 지역은 입지가 좋다. 인구가 많을수록 주변 상권이 활성화되고, 교육환경뿐만 아니라 주거환경이 편리하기 때문이다.

역세권 프림미엄, 삼성동 일대를 주목하라

현대자동차그룹은 삼성동 한국전력 본사 부지를 무려 10조 5,500

억 원에 낙찰 받았다. 당시에는 10조 원이나 되는 자금을 어떻게 조달할 것인지에 관한 우려와, 천문학적인 돈으로 연구개발비와 공장 증설 등에 투자하면 더 좋을 거라는 비판적 시각이 많았다. 현대는 삼성 다음으로 규모가 큰 대기업이다. 많은 고민 끝에 의사 결정을 한 것으로 판단된다. 거기에는 향후 가치라든지, 외부 기관에 의뢰하는 등 다각적으로 검토해 판단했을 것이다. 대기업은 이익이 나지 않는 곳에 절대 투자하지 않는다. 현대는 미래에 대한 원대한 꿈과 비전을 갖고 과감하게 투자했다. 그렇다면 삼성동의 입지를 한번 살펴보자.

삼성역은 기존 2호선과 9호선에 KTX 연장선, GTX-A·C노선, 위례-신사선까지 무려 4개 노선이 통과한다. 삼성역 일대는 향후 대한민국 교통의 중심지가 될 것이다. 지하철 추가 노선뿐만 아니라 KTX와 GTX-A·C노선이 개통될 때 부동산 가치는 상승할 것으로 보인다. 현대의 삼성동 신사옥 글로벌비즈니스센터GBC는 현재 지하층 기초 공사를 진행하고 있다. 시간이 지날수록 삼성동 일대와 그 주변 부동산 가치 상승 파급력은 대단할 것이다.

아파트 가격은 물론 주택, 빌라 등 땅값이 상승하고 있다. 경제적 여력이 된다면 삼성동을 에워싸고 있는 청담동, 압구정동, 역삼동, 도곡동, 잠실동, 대치동 등의 부동산 매입을 권한다. 미래 가치를 내다보고 내 집 마련을 하는 것도 좋다.

GBC는 도대체 공시지가가 얼마인가?

〈표 2-8〉은 현대 삼성동 부지의 공시지가 상승에 따른 보유세 현

<표 2-8> 현대그룹 삼성동 부지 공시지가 상승에 따른 보유세 현황

	2015년	2016년	2017년	2018년	2019년
공시지가(만원/㎡)	2,560	2,830	3,350	4,000	5,670
공지지가 상승률(%)		10.55	18.37	19.40	41.75
총 보유세(억원)	131	145	171	205	290
보유세 상승률(%)		10.56	18.40	19.42	41.79

출처: 호지명 대신증권 세무사

<표 2-9> 지역별 표준지 공시지가 상승률

GBC	서울 강남구	서울 전체	전국
41.75	23.13	13.87	9.42

단위: %, 출처: 국토교통부

황이다. 이 표를 보면 2015년부터 2019년까지 공시지가가 꾸준히 상승했다. 땅값이 매년 오르고 있음을 알 수 있다. 공시지가 상승률은 2016년 10.55%, 2017년 18.37%, 2018년 19.40%, 2019년 41.75%다. 공시지가 상승률의 폭은 매년 지속적으로 커졌다. 공시지가가 상승한다는 것은 미래 가치가 있다는 것이다. 납부한 보유세를 보면 2015년 131억 원, 2016년 145억 원, 2017년 171억 원, 2018년 205억 원, 2019년 290억 원으로 상승했다. 보유세는 지방세다. 지방세는 서울시에 납부한다. 삼성동 부지로 인해 지방 세수가 증가한 것이다.

땅값은 공시지가를 보면 알 수 있다. 가치가 높은 입지의 부동산은 공시지가가 지속적으로 올라간다. 주변 일대에 대규모 개발이 되면 먼저 공사를 진행해야 한다. 공사를 하기 위해 건설사 직원들이 상주하고 근처에 집을 마련한다. 공사 진행에 따라 협력 업체도 상주한다. 공사가 진행되면 건설 현장에 일자리가 창출된다. 건설 현장은 인력이 필요하기 때문에 주변 일대 상권에 영향을 준다. GBC가 준공해 입주가 이루어지면 양질의 일자리가 창출될 것이다.

삼성동 일대 대규모 일자리 창출

롯데월드타워가 준공되고 영업이 시작되었다. 그곳에 근무하는 인원은 얼마 정도 될까? 추정치로 1만 명 이상이다. GBC의 건물 규모는 지하 7층에 지상 105층(569m)이다. 롯데월드타워보다 14m가 높다. 우리나라에서 가장 높은 초고층 건물이 될 것이다. 연면적은 롯데월드타워의 2배가 넘는다.

삼성동 집값의 핵심은 일자리다. GBC 건물 안에 3만 명이 근무할 것으로 보인다. 또한 삼성동에는 영동대로 지하대로와 마이스 복합단지가 개발 중에 있어 삼성동 일대에는 향후 10만 명 이상의 일자리 창출이 예측된다. 이미 주변에는 코엑스, 현대백화점, 스타필드, SM타운 등이 있어 유동인구는 하루 60만 명 이상이 될 것이다. 일자리가 지속적으로 늘어나는 것은 대형 호재다. 대기업이 들어오면 직원뿐만 아니라, 협력 업체와 그 업체와 연계된 업체까지 줄줄이 들어온다.

삼성동 인근 아파트는 비싸다. 예전과 다르게 많이 오른 상태다. 우상향으로 상승되고 있다. 얼마까지 올라갈지 아무도 모른다.

다른 지역들은 상한선이라는 게 있다. 그러나 삼성동은 아파트 가격 상한선이 없다. 삼성동 인근에 매물이 거의 없다고 보면 된다. 보유만 하고 있으면 누구나 다 돈이 될 것이라는 기대 심리가 있기 때문이다. 삼성동 인근의 아파트 가격은 일반 사람들이 상상할 수 없을 정도로 높지만, 주변에 빌라가 밀집한 지역이 있다.

삼성동 일대와 인근 지역의 빌라 가치는 상당히 높게 평가된다. 빌라의 가장 큰 장점은 무엇인가? 바로 대지 지분이다. 향후 GBC가 건립되고 일자리와 인구가 폭발적으로 늘어나면, 그 일대는 개발 압력을 받을 수밖에 없다. 재개발 기대감이 커지는 것이다. 반지하라도 가지고 있으면 분양권을 받아 삼성동 인근 신규 아파트에 입주할 수도 있다. 그때쯤 되면 분양가가 얼마가 되겠는가?

삼성동 일대의 역세권 프리미엄에 관해 정리해보면 첫째, 삼성동에는 앞으로 우리나라에서 가장 높은 초고층 건물이 세워진다. 서울의 랜드마크가 될 GBC가 건립되면 삼성동 일대와 인근 부동산은 프리미엄이 생긴다. 둘째, 일자리가 창출된다. 삼성동 일대의 개발이 완료되면 10만 명 이상의 일자리가 생긴다. 그들의 가족 수까지 고려하면 인구가 폭발적으로 늘어난다. 인구가 늘어나는 만큼 부동산 가치가 오를 것이다. 셋째, 교통망이다. KTX 연장선, GTX-A·C노선이 삼성역을 통과한다. 삼성역은 교통의 중심지로 변화하고 편리한 교통으로 인구가 집중될 것이다.

신축 아파트 가격은
상승할 것이다

5년 이내 신축 아파트 가격은 지속적으로 상승한다. 신축 아파트 가격이 상승하는 여러 가지 이유가 있다. 바로 편리성이다. 신축 아파트는 사람들의 요구가 반영되어 살기에 편리하다. 누구나 입지가 좋은 곳에 지어진 신축 아파트에 살기를 원한다. 서울의 신축 아파트 수요는 넘쳐나는 반면 공급은 부족하고 가격도 비싸다.

아파트 시장에 일어난 중요한 변화
2008년 이후, 아파트 시장에 몇 가지 중요한 변화가 일어났다. 첫째, 안전성과 쾌적성을 추구하게 되었다. 구축 아파트는 대부분 지상에 주차장이 있다. 아파트 입구에서 동 앞까지 차가 지나가기 때문에 교통사고의 위험이 있다. 아이를 키우는 부모들은 아이들이 걱정 없이 지상에서 마음껏 뛰어놀 수 있는 아파트를 원했다.

2008년 이후로 새 아파트는 지상에 아름다운 공원을 만들고 주차장은 지하에 설계했다. 자동차가 아파트 입구에서 지하 주차장으로 바로 들어간다. 지상에서 아이들이 뛰어놀아도 교통사고 위험이 전혀 없다. 아이를 데리고 단지 안 넓고 쾌적한 공원에서 시간을 보낼 수도 있다.

둘째, 신축 아파트는 층간소음에서 자유롭다. 이웃 간에 일어나는 갈등에 관한 뉴스를 보았을 것이다. 바로 층간소음 문제 때문이다. 어린 자녀가 있다면 솔직히 통제하기가 쉽지 않다. 아랫집 사람이 소음에 민감하다면, 아이 키우는 부모로서는 신경이 많이 쓰일 것이다. 때로는 심각한 일까지 생기기도 한다.

이러한 층간소음을 해결하기 위해 관련법이 개정되었다. 콘크리트 바닥 두께가 종전 180mm에서 210mm로 대폭 조정되었다. 층간소음 차단에 효과적인 자재들을 늘려 기존 방식보다 층간소음이 20dB 정도 낮아졌다. 층간소음 관련 하자가 발생하면 건설사 입장에서 보수비가 많이 들어가기 때문에 시공할 때 관리 감독을 철저히 하고 있다.

셋째, 각종 편의 시설 잘 갖춰져 있는 커뮤니티 시설이다. 커뮤니티 시설에는 골프 연습장, 헬스장, 사우나장, 수영장, 독서실, 회의실, 어린이집, 문화 강좌 시설, 배드민턴 코트, 탁구장, 도서관 등이 있다. 단지 내에서 각종 편의 시설을 이용할 수 있다. 구축 아파트와 비교가 되지 않을 만큼 퀄리티가 높아졌다.

그러나 신축 아파트는 분양가가 높아 쉽게 접근을 못 한다. 신축 아파트가 분양되어도 청약 받기란 쉽지 않다. 경쟁률이 보통

돈이 되는 서울 아파트, 지금 당장 사라

수백 대 1이다. 청약저축에 가입하고 점수를 쌓아올려도 청약가점 커트라인 안에 들기란 쉽지가 않다. 커트라인 안에 들어도 그 안에서 다시 경쟁을 해야 한다. 하늘의 뜻에 맡겨야 하니 아파트 청약에 당첨되었다면 행운으로 생각해야 한다. 서울 지역 신축 아파트 입성은 주거 안정과 자산 증식에 커다란 도움이 될 것이다.

점점 늙어가는 서울의 아파트

2015년 인구 주택 총조사를 발표했다. 노후 기간별 전국 아파트 수를 기준으로 5년 미만인 아파트는 전국에 130만 가구다(〈그림 2-11〉). 30년이 된 아파트는 277만 가구로 가장 많다. 서울 기준으로 지은 지 30년이 넘은 아파트는 2015년에 16만 3,553가구다(〈그림 2-12〉). 10년 뒤에는 아파트가 무려 58만 가구로 급증한다. 서울 지역 아파트 총 개수가 163만 가구다. 30년 이상 된 아파트가 30%가 넘는다. 시간이 가면 갈수록 노후화된다.

그럼에도 각종 재건축 규제로 인해 재건축 사업이 지연되고 있다. 사람들은 하루 빨리 재건축이 진행되기를 원한다. 노후된 아파트는 생활 여건이 불편하기 때문이다.

서울 지역에 있는 노후 아파트는 입지가 좋다. 재건축이 원활하게 진행된다면 미래 가치가 급상승한다. 노후 아파트는 주차 대수가 적고 주차 공간이 협소해 살기에 불편하다. 배관이 오래되어 수돗물에서 녹물이 나오기까지 한다. 배관을 교체한 곳도 있고, 가정에 연수기軟水器를 설치한 곳도 있다. 커뮤니티 시설도 없다.

2008년 이후에 건설한 아파트는 편리하다. 5년 이내 신축한

<그림 2-11> 노후 기간별 전국 아파트 수

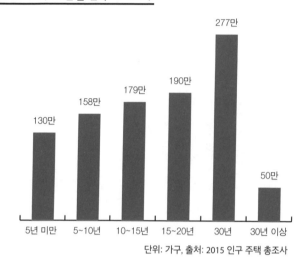

단위: 가구, 출처: 2015 인구 주택 총조사

<그림 2-12> 지은 지 30년 넘은 아파트 수

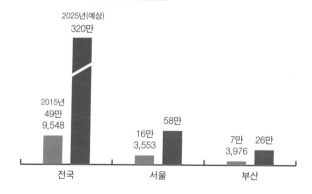

단위: 가구, 출처: 2015 인구 주택 총조사

돈이 되는 서울 아파트, 지금 당장 사라

아파트를 선호하는 것은 당연하다. 신축 아파트는 내부 구조가 넓다. 빌트인 설비도 잘 되어 있고, 주방 구조와 수납장 등 주부들이 편리하게 사용할 수 있도록 설계되어 있다.

신축 아파트와 구축 아파트 가격 차이가 벌어지고 있다

부동산 규제 정책이 강할수록 주택 공급이 줄어든다. 신축 아파트 수요는 넘쳐나고 있다. 신축 아파트 쏠림이 앞으로 더욱 심해질 것이다. 지금은 좀 비싸 보이지만 미래 가치를 따져봤을 때 5년 미만 신축 아파트를 매입해야 한다. 수많은 부동산 중에서 서울의 신축 아파트보다 나은 투자는 보이지 않는다. 해당 지역 아파트를 볼 때는 가장 비싼 아파트부터 나열해놓고 봐야 한다. 자신이 가지고 있는 자산이 얼마 없다고 해서 값싼 아파트부터 보면 안 된다. 가장 비싼 랜드마크 아파트가 왜 비싼지 그 이유를 알고 순차적으로 보다 보면 아파트의 가치를 알 수 있다.

〈그림 2-13〉은 서울 아파트 연식별 가구당 평균 매매 가격 추이이다. 2015년 3월부터 2019년 3월까지 준공 5년 이하 아파트와 준공 6~10년 이내 아파트의 평균 매매 가격이다. 2015년 3월 준공 5년 이내 아파트 평균 가격은 6억 8,363만 원이며, 같은 시기 준공 6~10년 이내 아파트 평균 가격은 6억 4,849만 원이다. 가격 차이가 3,514만 원이다. 2019년 3월 준공 5년 이내 아파트 평균 가격은 12억 7,177만 원이며, 같은 시기 준공 6~10년 이내 아파트 평균 가격은 9억 4,122만 원이다. 가격 차이가 3억 3,055만 원이다.

연식별 아파트 가격 차이가 2015년 3월 3,514만 원에서

115

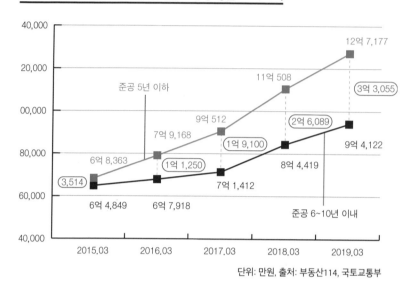

<그림 2-13> 서울시 아파트 연식별 가구당 평균 매매 가격

준공 5년 이하

12억 7,177

11억 508

(3억 3,055)

9억 512

(2억 6,089)

(1억 9,100)

6억 8,363

7억 9,168

(1억 1,250)

(3,514)

9억 4,122

6억 4,849

6억 7,918

7억 1,412

8억 4,419

준공 6~10년 이내

2015.03   2016.03   2017.03   2018.03   2019.03

단위: 만원, 출처: 부동산114, 국토교통부

2019년 3월 3억 3,055만 원으로 4년 만에 무려 10배나 커진 것을 알 수 있다. 그렇다면 전세 가격은 어떻게 형성되었을까?

신축 아파트 전세 가격에 대해서 알아보자. 신축 아파트 전세 가격은 올라가고 있다. 전세 수요자들 역시 신축 아파트 거주를 선호한다. 비싸게 주더라도 신축 아파트에 들어가고 싶어 한다. 먼저 전세 매물을 볼 때 해당 지역의 신축 아파트부터 보고 가격이 너무 높거나 매물이 없으면 그다음 가격이 싼 전세를 찾는다. 그래도 안 되면 어쩔 수 없이 구축 아파트에 전세를 구한다.

서울 지역 신축 아파트 전세 매물이 너무 귀하다 보니 전세 가격이 구축 아파트의 매매 가격을 뛰어넘는다. 〈그림 2-14〉를 보면 쉽게 이해할 수 있다. 신축 아파트 전세 가격이 구축 아파트 매

돈이 되는 서울 아파트, 지금 당장 사라

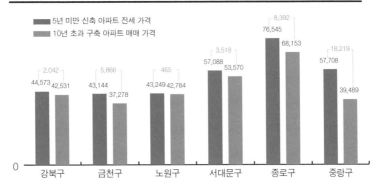

<그림 2-14> 신축 아파트 전세 가격이 구축 아파트 매매가격을 뛰어넘은 지역

■ 5년 미만 신축 아파트 전세 가격
■ 10년 초과 구축 아파트 매매 가격

단위: 만원, 출처: 부동산114, KB부동산 리브온

매 가격을 뛰어넘었다. 특히 중랑구에 있는 신축 아파트 전세 가격과 구축 아파트 매매 가격이 무려 1억 8,219만 원의 차이가 나는 것을 알 수 있다.

삶의 질의 선호도는 분명하다. 누구나 좋은 것, 새 것을 선호한다. 아파트도 시간이 지날수록 기술력이 진화되고 있다. 편하게 살 수 있는 신축 아파트 선호는 당연하고 신축 아파트와 구축 아파트 가격 차이는 지속적으로 커질 수밖에 없다.

서울 아파트 가격이 상승하고 있다고 해서 조급함으로 아무 아파트를 덜컥 사서는 안 된다. 서울 아파트가 다 오르는 것은 아니다. 입지가 점점 좋아지는 지역과 재건축 단지, 신축 아파트는 가격이 크게 오른다. 반면 오래된 아파트(20년 이상의 연식에 재건축 대상이 아닌 아파트)나 입지가 나쁘고 상품 경쟁력이 떨어지는 아파트는 가격이 오르지 않는다. 신축 아파트가 지속적으로 공급되기 때문이다.

서울 아파트의 미래

제3장

서울 아파트를
이해할 수 있는
빅데이터

서울 아파트의
입주 물량

내 집 마련을 하거나 투자를 할 때, 아파트 입주 물량이 얼마인지 파악하는 것이 중요하다. 아파트 입주 물량은 2~3년 후까지 예측이 가능하다. 인터넷 블로그와 카페 등을 보면 정리가 아주 잘되어 있다. 그러나 입주 물량을 정리한 것이 맞는지, 다른 것과 비교해야 한다.

　아파트 입주 물량이 많고 적음에 따라 아파트 가격이 영향을 받는다. 입주 물량이 과잉이면 매물이 일시적으로 쏟아진다. 가격이 떨어질 때도 있지만 떨어지지 않을 때도 있다. 부동산 경기 여건에 따라 다르다. 아파트에 입주할 때, 특히 여러 아파트에서 동시에 물량이 나와 입주했을 때 전세 가격부터 하락한다. 그리고 급매도 나온다. 개인마다 사정이 다르겠지만, 잔금을 치르지 못해 매물을 내놓거나 계약금을 포기해야 한다. 팔리면 다행인데 부동산

서울 아파트를 이해할 수 있는 빅데이터

경기가 나쁘고 물량이 한꺼번에 쏟아졌을 때 손해도 손해지만, 이자 부담 등 정신적으로 힘들어진다.

아파트는 대부분의 사람들이 직장 생활을 하면서 힘겹게 모아온 소중한 돈으로 구매한다. 전 재산을 아파트를 구매하는 데 투자하고도 모자라 담보 대출을 받는다. 대부분의 평범한 직장인들은 대출 없이 아파트를 구매하기란 사실상 불가능하다. 차를 살 때 흠집은 없는지, 다른 차와 가격 차이가 나는지 꼼꼼히 살펴보고 따져보듯이 아파트에도 그대로 적용해야 한다.

일반 아파트를 착공하고 준공하기까지 걸리는 시간은 평균 26~30개월이다. 주상복합 아파트는 3년 정도가 소요된다. 아파트 공급 물량을 파악하기 위해서는 인허가 물량을 확인해야 한다. 물론 인허가가 모두 착공으로 이어지지는 않는다. 그러나 공급 물량을 파악하는 데 중요한 데이터다. 아파트를 구매하기 전에 인허가 물량과 입주 물량이 얼마인지 체크해야 한다.

공급은 예측이 가능하다. 분양한 것과 분양하지 않은 것으로 나뉠 뿐이다. 분양을 했다면 확정된 것이다. 따라서 입주 물량 계산은 정확하게 할 수 있다. 반면에 수요는 복잡하다. 비이성적으로 움직이기도 한다. 각종 부동산 지표들은 좋은데 경기가 경직되면 움직이지 않는다. 경기가 과열될 때에는 걷잡을 수 없이 물량이 쏟아진다.

서울 아파트 입주 물량으로 본 아파트 가격 흐름 변화
〈그림 3-1〉은 서울 아파트의 입주 물량, 필요 수요, 매매 지수, 전

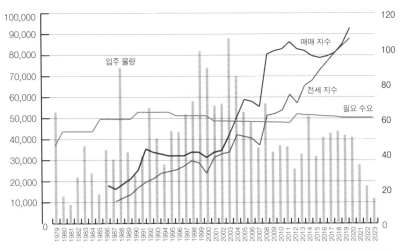

<그림 3-1> 서울 아파트의 입주 물량, 필요 수요, 매매 지수, 전세 지수

매매 지수

입주 물량

전세 지수

필요 수요

출처: 통계청, KB부동산

세 지수 그래프다. 집값을 안정시키기 위해서는 수요와 공급이 비슷하게 가야 한다. 하지만 현실적으로 부동산은 수요와 공급을 비슷하게 한다는 것이 불가능하다. 그래프는 일정치 않고 올라갔다 내려가기를 반복하며 파도치고 있다. 공급 물량이 많았다가, 평균치로 나왔다가, 갑자기 줄어드는 것을 알 수 있다.

아파트 공급이 부족하면 가장 먼저 영향을 받는 것이 전세 가격이다. 2003년에 아파트 공급이 역사상 가장 많았다. 그 후 2007년까지 공급량이 4년 연속 줄다가, 2008년에 잠시 늘더니 그 후 다시 물량이 줄었다. 2015년부터 2019년까지는 공급 물량이 소폭으로 증가했다. 문제는 2020년부터 공급 물량이 줄어 2021년에는 거의 절반 이하로 떨어지는 것을 알 수 있다.

123

아파트 가격은 떨어지고 전세 가격만 상승한다

2008년 글로벌 금융위기 이후 입주 물량이 평균치 이하로 떨어졌다. 매매 가격은 상승하지 않고, 전세 가격만 우상향으로 상승하고 있음을 알 수 있다. 금융위기 이후 아파트 인허가가 줄어들고, 정부에서 부실한 건설사를 구조조정하기 시작했다. 건설사가 도산하고, 법정관리와 워크아웃에 들어가던 시기였다.

서울도 직격탄을 맞았다. 강남 3구부터 서울 전 지역의 집값이 하락하기 시작했다. 은행 금리도 고금리에 집값은 떨어지고 이자 부담은 가중되었다. 2008년 이후부터 5년간 아파트 가격이 하락과 보합을 거쳤다. 집값이 떨어져 대출금과 아파트 가격이 별 차이가 없었던 시기였다.

가격이 더 떨어질 것이라는 심리가 작용해 사람들은 집을 사지 않고 전세로 거주했다. 아파트 공급 물량도 부족한데 매매 가격은 올라가지 않았다. 반면 전세 가격만 급등했다. 전세가 워낙 부족해 집을 보지도 않고 계약하는 사례가 늘어났다. 집을 사면 손해라는 인식이 널리 퍼졌고, '하우스푸어House Poor'라는 용어도 자주 등장했던 시기였다. 이제 아파트는 사는 것이 아니고 집은 빌리는 것이며, 부동산으로 돈을 버는 시대는 끝났다고 언론에서도 자주 이야기했다. 이에 반론하는 사람은 거의 없었다.

부동산 과열과 침체 양상에 따라 정부의 부동산 정책은 변화한다. 과열되면 부동산 규제로 시장을 누른다. 침체되면 부동산 완화 정책으로 투자 수요를 끌어들인다. 예나 지금이나 반복적으로 일어나고 있다. 2008년부터 2010년대 초중반까지는 이렇게 금융위기로 직격탄을 맞아 부동산 시장이 침체되었다. 정부는 침체된 부동산 시장을 활성화하기 위해 각종 부동산 규제를 풀었다.

아파트 가격이 큰 폭으로 하락한 후에는 반드시 상승하기 마련이다. 서울 부동산 시장은 긴 시간 동안 침체기를 겪었다. 심지어 강남 아파트도 큰 폭으로 떨어졌다. 서울 부동산 시장은 드디어 2015년에 바닥을 찍고 점점 활기를 띠기 시작했다. 이것은 시작에 불과했다.

수요보다 공급이 절반 이하로 떨어지면 어떤 일이 벌어질까?
서울 아파트의 적정 수요보다 공급이 절반 이하로 떨어지면 어떻게 될까? 부동산 가격이 불안정하게 흘러갈 것이다. 수요와 공급의 균형이 깨지면 가격은 우상향으로 급등할 것이다. 전월세 시장 역시 불안해질 것이다. 시장에서 전세 물량이 사라져버릴 수도 있다. 전세금을 많이 주려 해도 매물을 구할 수 없다. 전세금이 반이고 나머지는 월세로 받는 반전세가 유행할 것이다.

내 집이 없는 사람들에게는 주거비용이 올라가고 가처분 소득(개인이 마음대로 쓸 수 있는 소득)이 줄어든다. 반전세에 목돈이 묶이고, 이자를 부담하면서 월세를 내야 하는 삼중고를 겪게 된다. 이 때쯤 되면 정부에서 전월세 대책을 발표할 가능성이 높다. 그러나 규제에 규제를 더하면 시장에는 역반응이 일어난다. 집주인들은 절대 손해를 보지 않으려고 할 것이다. 자신들의 부담을 세입자에게 전가할 우려가 있다.

집주인들도 그동안 수많은 리스크를 안고 아파트를 매입했

서울 아파트를 이해할 수 있는 빅데이터

다. 금융위기 당시에는 집주인들이 어려운 시기였다. 세입자를 구하지 못해 전세금을 내리고 월세를 내렸다. 월세보다 대출 이자가 더 많이 나가는 경우도 있었다. 이자가 감당이 안 되어 경매에 넘어가는 아파트들도 있었다.

금융위기가 끝난 지 10년이 넘었다. 대외적으로 금융위기가 오면 강남 부동산도 피해갈 수 없다. 항상 리스크가 있다. 리먼브라더스 파산과 같은 역대급 금융위기가 오면 강남 부동산도 피해갈 수 없다. 당시에는 강남뿐 아니라 수도권까지도 직격탄을 맞았다. 당시에 내 집 마련을 했던 사람들은 집값이 떨어지고, 아파트 담보 대출금 아래까지 아파트 가격이 떨어졌다. 대출 이자 부담과 심리적 부담을 안고 살았다.

투자자는 어떠한가? 파산한 투자자도 많았다. 분양을 받았는데 계약금만 날리면 괜찮다. 잔금 후에 아파트 가격이 반 토막이나서 경매까지 넘어갔다. 암울했던 시기였다.

그렇다면 2020년 이후에는 어떻게 될까? IMF 외환위기나 글로벌 금융위기와 같은 역대급 외부 악재가 없다면, 서울 아파트 가격은 상승할 것이다. 2021년에는 공급 물량이 워낙 부족해 전세가 거의 없고 빌라까지 가격이 상승할 것이다. 대비를 해야 한다. 서울에서 전세로 거주하고 있다면 내 집 마련을 해야 한다. 신축 아파트 매입이 어렵다면, 10~15년 연식의 아파트 매입을 권하고 싶다. 아이들 교육 문제를 생각하면, 또 직장이 서울에 있다면 대출을 해서라도 내 집 마련을 해야 할 시기임이 분명하다.

사람들은 리스크를 피하고 싶어 한다. 내 집 마련을 하자니

겁이 나는 것도 사실이다. 혹시나 경제 위기가 오면 아파트 가격이 폭락하지 않을까? 지금은 담보 대출 이자가 낮은데, 향후 금리가 급등하는 것은 아닐까? 판단은 각자가 하는 것이다. 정답은 없다.

집값 상승의 시그널을
한눈에 알 수 있다

수많은 데이터가 서울 아파트 가격 상승 시그널을 보내고 있다. 부동산 시장의 상승과 하락은 그냥 찾아오는 것이 아니다. 이미 부동산 시장에서 감지되고 있다. 정부의 부동산 정책 완화와 규제로 인한 인위적인 상승과 하락은 정부의 생각대로 오래 유지되지 못한다. 아파트를 매입해 주거를 해결하지 못하면, 대체제(빌라, 다세대, 오피스텔 등)의 가격이 상승한다. 먼저 부동산의 상승 시그널에 대해서 알아보자.

부동산 가격 상승 시그널을 감지하는 방법

——① 아파트 공급 부족

아파트 공급 물량에 따라 부동산 가격이 상승하거나 하락하는데,

돈이 되는 서울 아파트, 지금 당장 사라

<표 3-1> 상승 시그널과 하락 시그널

항목	상승 시그널	하락 시그널
공급	공급 부족 3년 누적	공급 초과 3년 누적
전세	전세 수급 ↑	전세 수급 ↓
전세	전세 가격 ↑	전세 가격 ↓
매매	거래량 ↑	거래량 ↓
미분양	미분양 ↓	미분양 ↑
매수 우위 지수	매수 지수 ↑	매수 지수 ↓
기타	전세가율 70~80%	자가 보유율 ↑

입주가 예정된 아파트 물량이 너무 적다. 서울에 매년 필요한 물량은 대략 5만 가구다. 서울은 2012년부터 2020년까지 무려 10년간 적정 물량을 단 한 차례도 채운 적이 없다. 아파트 공급이 부족해 빌라, 다세대, 오피스텔 등 대체제로 몰릴 수밖에 없다.

서울 지역 아파트 가격이 너무 올라 양질의 주택을 마련하지 못해 서울 외곽으로 밀려나가고 있다. 2021년 입주 물량은 2만 4,493가구다. 적정 물량 대비 공급 물량이 3분의 1 수준이다. 공급 물량만 봐도 2021년 이후 아파트 가격 상승 신호는 뚜렷하다.

───② 아파트 전세 가격 상승

서울 아파트 전세 가격은 지속적으로 상승하고 있다. 전세 수요가 많고, 공급 물량이 턱없이 부족 했기 때문이다. 또한 정부 정책으로 그나마 있는 전세 물량도 사라지고 있다. 2019년부터 3주택 이상 다주택자의 전세 보증금에 대해 과세를 하고 있다. 집주인은 전

서울 아파트를 이해할 수 있는 빅데이터

세를 월세로 전환할 확률이 높다. 전세 보증금이 급등해 전세금은 그대로 받고 오른 전세 차익금을 월세로 받는 형태가 될 확률이 매우 높다. 어차피 전세 보증금에 세금을 부과하기 때문에 임차인에게 전가하는 일이 발생할 것이다.

———③ 주상복합, 대형 평형, 나 홀로 아파트, 오피스텔 가격 상승

수년간 아파트가 수요보다 적게 공급되었다. 그것도 10년간 부족한 상황이었다. 사람들은 아파트를 선호한다. 하지만 아파트 매입을 못 하거나 전세금마저 너무 많이 오른 상태라면 다른 주거 대체제를 선택해야 한다. 바로 주상복합, 대형 평형, 나 홀로 아파트, 오피스텔이다. 이쪽으로 수요가 몰리다 보니 전월세 가격이 상승한다. 서울 외곽과 경기도로 이사하고 싶어도 교육과 직장 등 다양한 이유로 서울에 거주할 수밖에 없는 가구가 많다. 대체제 주거 상품도 상승하는 것이다. 특히 부동산 상승기에는 가장 뒤늦게 동참해서 상승한다.

———④ 미분양이 해소된다

서울 아파트도 미분양으로 어려운 시기가 있었다. 서울에도 미분양 아파트가 있었다는 것이 언뜻 이해되지 않을 수도 있지만, 2008년 글로벌 금융위기 이후 미분양이 쌓였다. 〈그림 3-2〉를 보면 2013년 미분양 아파트가 정점을 찍은 후 점차 없어지고 있다. 2013년부터 2015년 사이에 미분양 아파트가 급격히 줄어들면서 부동산 가격 상승 신호를 보내고 있음을 알 수 있다. 실제로 2015년

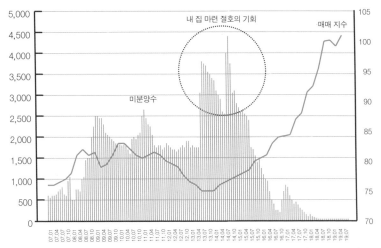

<그림 3-2> 서울 아파트 매매 지수와 미분양 물량

출처: KB부동산, 국토교통통계누리

부터 매매 지수가 올라가기 시작했다.

미분양이 많았다가 지속적으로 줄어드는 것을 확인했다면, 과감하게 아파트를 매입해도 괜찮다. 문제는 사람들이 아파트 가격이 쌀 때는 안 사고 비쌀 때 사는 경향을 보인다는 것이다. 직접 눈앞에서 벌어지는 것만 보기 때문이다.

⑤ 입지 좋은 아파트의 청약 경쟁률

아파트 가격이 상승하는 시기에는 입지 좋은 아파트의 청약 경쟁률이 수백 대 1 이상이다. 서울 지역 내 아파트 분양이 나오면 청약 통장을 갖고 있는 사람들은 대부분 청약을 넣는다. 일단 넣고 본다는 것이다. 청약이 과열되었다는 의미다. 청약 경쟁률이 높을수록

131 서울 아파트를 이해할 수 있는 빅데이터

아파트 가격이 상승할 수밖에 없다. 분양권은 금값이 되지만 나오는 대로 다 팔린다. 이것은 아파트 가격이 상승한다는 신호다.

⑥ 좋지 않은 입지나 구축 아파트가 팔린다

평소 거래되지 않던 구축 아파트가 거래되기 시작한다. 쌓여 있던 매물이 소진되고 있다. 사람들은 아파트 매물이 없고 가격이 끝없이 상승하는 것을 보고 불안감을 느낀다. 지금 사지 않으면 안 된다는 심리가 작용하기 시작한다.

전세 가격도 상승하고 매물이 없다. 구축 아파트에 전세를 살고 있는데 전세 기간이 만료되는 시점에서 시세가 너무 많이 올랐다. 매매 가격이나 전세 가격이나 별 차이 없다. 세입자는 매입을 생각한다. 집주인에게 살고 있는 집을 사겠다는 의사를 전한다. 알다시피 전세가 있는 아파트는 팔기가 쉽지 않다. 집을 팔기 위해 거액의 전세금을 주고 집을 비워주어야 하기 때문이다. 집주인으로서는 오래된 아파트인 만큼 살 사람이 있을 때 파는 것이 좋다.

부동산 가격 하락 시그널을 감지하는 방법

부동산 가격 하락 시그널을 간단하게 설명하자면 ① 공급 물량이 과잉이다, ② 아파트 전세 가격이 하락한다, ③ 비선호 주거 형태인 주상복합·대형 평형·나 홀로 아파트·오피스텔 가격이 하락한다, ④ 미분양이 쌓인다, ⑤ 입지 좋은 아파트의 청약 경쟁률이 떨어진다, ⑥ 구축 아파트의 거래가 뜸해진다.

아파트 가격이 몇 년에 걸쳐 끝 모르게 상승하고 하락 신호가 감지되는데도 좀처럼 하락할 조짐이 보이지 않는 경우도 있다. 그러나 부동산 가격은 하늘을 뚫고 상승할 수는 없는 법이다. 언젠가는 조정을 받는다. 상승의 폭과 시기에 따라 다르지만, 대체로 50~100% 이상 상승하면 아파트를 매도하는 것이 좋다.

다만 이 시기 추가 매입은 보수적으로 해야 한다. 상승의 끝이 높으면 높을수록 떨어지는 일만 남았기 때문이다. 양도소득세 부담이 커졌기 때문에 현재 서울 아파트는 팔기가 어렵다. 투기 과열 지구에 묶여 있어 팔아도 시세 차익에 따라 최대 70~80%까지 양도소득세를 내야 한다. 남는 게 별로 없다는 뜻이다.

아파트를 매매할 시점에 과연 내가 아파트를 사면 이 아파트가 올라갈지 생각해봐야 한다. 상승 신호보다 우리가 가장 두려워해야 할 부분이 하락 신호를 보내고 있을 때다. 그때 내 집 마련을 하거나 투자를 한다면 손해를 볼 수 있다. 상승에서 하락으로 가는 신호 구간에 아파트를 매입했다면 조심해야 한다. 그러나 현재 서울 아파트는 하락 신호가 거의 없다고 보면 된다.

그래서 서울 아파트를 적극적으로 사야 한다. 가격 상승 신호 외에는 찾아볼 수가 없다. 단, 대내외적으로 금융위기와 경제 위기가 없음을 전제한 분석이다. 서울 지역 내 내 집 마련은 전혀 망설일 필요가 없다. 매입했다면 상승의 맛을 보게 될 것이다.

우리나라 직장인 평균 연봉이 5,000만 원이라면 서울 아파트 구매를 통해 5~10년치 연봉을 벌 수 있다. 시세 기준으로 말이다. 이 시기에 아파트를 매입한 사람과 전세로 사는 사람을 비교한다면 둘의 자산 격차는 어마어마하게 벌어질 것이다.

서울 아파트는
2023년 이후에도 상승한다

부동산 가격 상승 사이클을 한번 타기 시작하면 수년간 지속적으로 걷잡을 수없이 상승한다. 밀려오는 파도에 몸을 맡기고 흐름을 타고 가는 것이다. 반면에 파도가 몰려올 때 흐름을 잘못 잡으면 몰려오는 파도 속으로 빠져버린다. 워런 버핏은 '썰물이 밀려나간 뒤에 누가 벌거벗고 헤엄쳤는지 알 수 있다'고 했다. 서울 아파트는 2023년 이후에도 상승한다.

2021~2023년에 서울 아파트 공급 물량이 없다

서울은 그동안 아파트 공급 물량 부족 상황이 계속되어온 데다 2021년 이후 2만 가구밖에 공급되지 않는다. 적정 공급 물량이 매년 5만 가구지만 그 절반에도 못 미친다. 2022년과 2023년에는 더 심각한 상황이다. 2021년부터 2023년까지 총 공급 물량은

\<그림 3-3> 서울 아파트 입주 물량

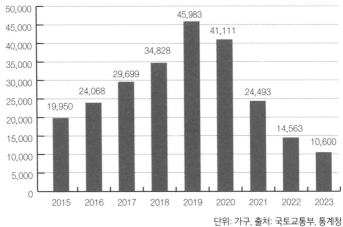

단위: 가구, 출처: 국토교통부, 통계청

\<그림 3-4> 서울 아파트 공급 추이

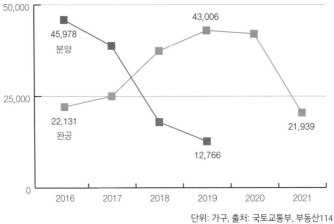

단위: 가구, 출처: 국토교통부, 부동산114

서울 아파트를 이해할 수 있는 빅데이터

4만 9,656가구밖에 안 된다(《그림 3-3》). 2020년 한해 공급될 4만 1,111가구보다도 적다. 2021년부터 2023년까지 서울 아파트 공급이 완전 절벽 시기를 맞이할 수 있다. 물량 부족분만 점점 쌓이게 되는 것이다. 물량 부족분은 많아지지만 수요는 변함없다.

서울 아파트 상승세에 브레이크가 있어야 하는데, 현재로서는 보이지 않는다. 브레이크는 바로 공급이다. 서울 아파트는 상승이 장기화할 수밖에 없는 상황까지 왔다. 2021년에서 2023년까지는 내리막길을 만나서 가속도가 붙는 시기다. 서울 아파트 가격이 가속도로 상승한다. 그때 가서는 사고 싶어도 너무 오른 서울 아파트를 살 수가 없다. 엄두도 못 낼 것이다. 부자들만 들어갈 수 있는 그들만의 리그가 될 확률이 무척 높다.

왜 서울 아파트는 2023년 이후에 상승하는가?
〈그림 3-5〉는 1986년부터 2019년까지 서울 아파트 가격 지수 변화다. 이 표에서 알 수 있듯이 1986년부터 현재까지 상승, 조정, 1차 상승, 2차 상승, 조정, 1차 상승, 2차 상승, 조정이 반복적으로 일어났다. 2020년 이후부터가 2차 상승이다. 여기서 공통된 부분이 보인다. 1999년부터 2003년까지 1차 폭등과 2005년부터 2008년 1월까지 2차 상승이다. 이것과 유사하게 흐름이 이어지고 있다.

2015년부터 2019년까지 1차 상승, 2020년 이후부터 2차 상승이다. 2020년 이후 2차 상승은 최소 3~5년 동안 이어질 가능성이 매우 높다. 상승하는 시기에는 매물이 워낙 귀해 부르는 게 값이다. 우리가 가장 두려워해야 할 것은 2차 상승 후 조정 기간이다.

<그림 3-5> 서울 아파트 가격 지수 변화

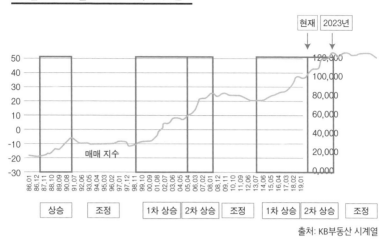

출처: KB부동산 시계열

조정 기간은 의외로 길다. 2차 상승 막차를 탄 사람들은 조정 기간에 많은 손해를 감당해야 할 것으로 보인다. 부동산에 밝은 사람들은 2차 상승 시기에 다 팔고 나온다.

서울 아파트 가격 상승을 막을 수 없는 이유

집값에 가장 큰 영향을 주는 것이 공급 물량이다. 상품이 많으면 많을수록 가격은 싸진다. 경쟁자가 많으면 많을수록 가격은 낮아진다. 대기업에 부품을 납품할 때 대기업은 부품 업체 간에 경쟁 입찰을 붙인다. 그중에서 가장 단가가 싸고 품질이 우수한 업체를 선정한다. 서울 아파트를 보면 경쟁하고 싶어도 할 수가 없다. 아파트를 지을 수 있는 땅이 부족해 대단지 아파트 공급이 어렵다 보니 서울에서 대단지 아파트를 분양하면 무조건 완판이다.

한정판으로 예약 판매를 시작하면 아파트 상품을 사고 싶어

서울 아파트를 이해할 수 있는 빅데이터

하는 소비자들이 몰려온다. 소비자들에게 각각 번호표를 나누어주면서 상품 가격의 10%를 계약금으로 받는다. 계약자들이 너무 많아 추첨을 한다. 당첨된 소비자는 환호성을 지른다. 아파트 가격은 이미 금값이 되어버렸기 때문이다.

소비자들에게는 선택권이 없다. 아파트 상품은 소비자가 선택할 수 없고 선택을 받아야 한다. 선택을 받아야만 상품을 가질 수 있다. 아파트라는 상품은 생산자가 아닌 소비자들끼리 경쟁하면서 분양을 받는 것이다. 앞으로 소비자들은 아파트를 분양 받기가 점점 어려워진다. 상품 생산이 안 되기 때문이다. 제품을 많이 생산해야 소비자들도 다양한 제품을 살 수 있다.

서울 아파트 가격은 오를 것으로 판단된다. 부동산 규제 정책에 따라 주춤하다가도 또다시 오를 것이다. 2023년 이후에도 상승 시그널이 너무나 많다. 이제 겨우 토지 보상에 들어간 3기 신도시는 해당 원주민과 마찰을 빚고 있어 쉽지 않아 보인다. 하지만 시간이 문제이지 결국 할 수밖에 없다. 3기 신도시의 신규 아파트를 보려면 빠르면 5년을 기다려야 한다. 한꺼번에 30만 채를 건설하는 것이 아니다. 순차적으로 진행되기 때문에 서울 아파트는 당분간 상승할 수밖에 없다.

아파트 가격은
거래량으로 알 수 있다

아파트 가격이 오르고 내리고는 거래량으로 알 수 있다. 거래가 활발해야 회전도 빠르고 경제가 원활하게 돌아간다. 어떤 상품이 시장에 나올 때 사는 사람도 많고 파는 사람도 많으면 거래가 잘된다. 거래가 잘된다는 것은 시장 경제가 좋다는 의미다. 거래량으로 미래를 예측할 수 있다. 거래량이 갑자기 올라가면 가격은 상승한다. 찾는 사람이 많을수록, 거래가 잘될수록 그렇다.

반면 상품 거래가 안 된다는 것은 경제가 위축되었다는 의미다. 경제가 위축되면 상품 거래가 원활하게 이루어지지 않는다. 사면 떨어질 것이라는 심리가 작용해 거래가 잘 이루어지지 않고 상품 가격도 떨어진다. 경기 변동 순환을 설명할 때 벌집 순환 모형 Honeycomb Cycle Model을 주로 사용한다.

제1국면은 가격이 상승하고 거래량이 증가하는 단계다. 제2

서울 아파트를 이해할 수 있는 빅데이터

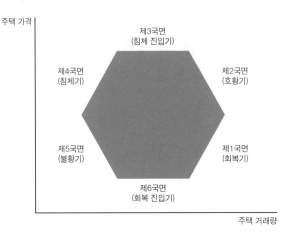

<그림 3-6> 벌집 순환 모형

국면은 가격은 상승하지만 거래량은 줄어드는 단계다. 제3국면은 가격은 유지하면서 거래량이 줄어드는 단계다. 제4국면은 가격이 하락하면서 거래량이 감소하는 단계다. 거시 경제 여건이 최악의 상황이다. 제5국면은 가격은 하락하지만 거래량은 증가하는 단계다. 제6국면은 가격은 유지 상태를 보이나 거래량이 크게 증가하는 단계다.

〈그림 3-6〉을 보면 이해하기 쉽다. 부동산에는 가격 사이클이 있다. 경기 순환 구조로 오르고 내리기를 지속적으로 반복하고 있다. 서울 아파트가 지금 어느 국면에 접어들고 있는지 확인해볼 필요가 있다. 그래서 집을 사야 할지 말아야 할지 확인할 것이다.

〈그림 3-7〉은 대구의 아파트 매매 거래량과 매매 가격 상승률이다. 이 그래프를 보면 매매 거래량이 상승하면 매매 가격도

<표 3-2> 벌집 순환 모형의 각 국면별 신호

주택 경기	일반 경기	거래량과 가격	특징
제1국면 (회복기)	호조	거래량 증가 가격 증가	○ 경기 호조로 실수요 증가 ○ 규제 완화책 유지 ○ 주택 담보 대출 확대
제2국면 (호황기)	둔화 조짐	거래량 감소 가격 증가	○ 가격 상승 지속으로 가수요자 가세 ○ 매도자 가격 상승 기대로 매물 감소 ○ 저수위의 부동산 시장 안정 대책 발표
제3국면 (침체 진입기)	침체 가시화	거래량 감소 가격 보합	○ 경기 침체와 실수요 감수로 수급 불균형 ○ 현재 가격으로 매도자와 매수자 공방 ○ 후속 안정책 발표 ○ 가격 안정과 규제책으로 주택 담보 대출 억제
제4국면 (침체기)	침체 본격화	거래량 상승 가격 하락	○ 제1~2국면(상승기) 분양 물량의 입주 시작으로 공급 과잉 ○ 불황 심화로 실수요자와 가수요자 위축 ○ 규제 수위 조절 및 부분적인 완화책
제5국면 (불황기)	저점 탈피 조짐	거래량 증가 가격 하락	○ 가격 하락세 유지로 수요 위축세 지속 ○ 제3국면(침체기) 분양 물량 감소에 따른 입주 물량 감소와 현재 주택 가격에 대한 바닥 인식으로 조금씩 거래 성사 ○ 건설 경기 회복을 위한 규제 완화책 발표
제6국면 (회복 진입기)	회복 가시화	거래량 증가 가격 보합	○ 경기 회복으로 실수요 증가 ○ 현재 가격 수준으로 거래량 증가 ○ 규제 완화책 확대 ○ 신규 주택 담보 대출 재개

서울 아파트를 이해할 수 있는 빅데이터

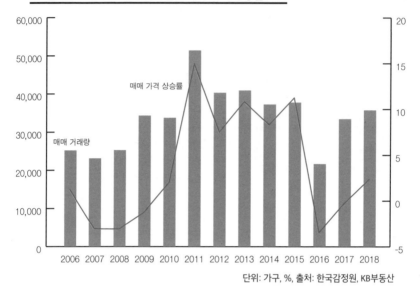

<그림 3-7> 아파트 매매 거래량과 매매 가격 상승률(대구)

단위: 가구, %, 출처: 한국감정원, KB부동산

함께 상승하고 있다는 것을 알 수 있다. 2011년에 매매 거래량이 올라가자 매매 가격도 비슷하게 올라갔다. 2012년에 매매 거래량이 내려가자 매매 가격도 내려갔다.

매매 거래량과 매매 가격은 비례 관계임을 확인할 수 있다. 부동산을 매입하기 전에 매매 거래량을 살펴봐야 하는 이유이기도 하다. 매매 거래량과 매매 가격이 관계가 있음을 알 수 있다. 그러나 서울 아파트는 매매 거래량과 매매 가격이 항상 비례하지만은 않는다. 다른 해석이 나오기도 한다.

〈그림 3-8〉은 서울 아파트 월별 매매 거래량과 매매 가격 지수 비교다. 2018년 1월부터 3월까지 매매 거래량과 매매 가격이 비례하면서 올라갔다. 그러나 4월부터 6월까지는 매매 거래량이

돈이 되는 서울 아파트, 지금 당장 사라

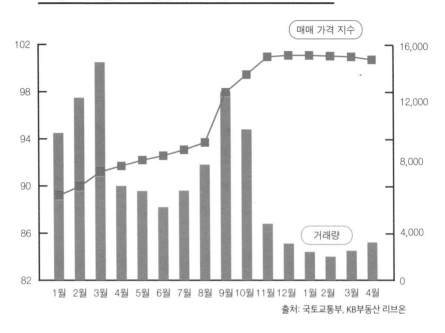

<그림 3-8> 서울 아파트 월별 매매 거래량과 매매 가격 지수 비교

출처: 국토교통부, KB부동산 리브온

줄어드는데 매매 가격은 올라갔다. 다시 7월부터 9월까지 매매 거래량이 오르는데 매매 가격 지수도 대폭 올랐다. 2018년 10월을 기점으로 2019년 4월 매매 거래량은 줄어드는데도 매매 가격은 보합세를 유지했다.

통상적으로 매매 거래량이 올라갈수록 매매 가격은 올라간다. 또 매매 거래량이 내려갈수록 매매 가격은 내려간다. 하지만 서울은 매매 거래량과 매매 가격의 비례 관계가 깨져 단순히 매매 거래량을 보고 매매 가격을 전망할 수가 없다. 각종 부동산 규제책으로 아파트 매물이 자취를 감췄기 때문이다.

서울 아파트를 이해할 수 있는 빅데이터

서울에 집을 갖고 있는 다주택자들은 매물을 내놓을 수가 없다. 그 이유는 바로 양도소득세다. 서울은 전 지역이 투기 과열 지구여서 집을 팔 경우 시세 차익에 대해 세금이 중과된다. 간혹 나오는 매물은 기존에 거래되던 가격과 상관없이 최고 호가로 팔린다. 매물 자체가 없다 보니 가격은 최고가를 경신한다. 그 때문에 거래량이 적어도 매매 가격은 오른다. 수요는 많은데 매물이 실종되었기 때문이다.

그렇다면 앞으로 서울 아파트는 어떻게 될 것인가? 앞서 말했듯 매매 거래량도 중요하지만 매물과 공급 물량도 함께 봐야 한다. 2021년부터 2023년까지 서울의 아파트 공급은 절대적으로 부족하다. 공급도 부족하고 기존 아파트 매물도 별로 없다. 정부에서 서울 아파트를 10년 이상 보유한 다주택자들에게는 한시적으로 양도소득세 중과를 하지 않는다고 발표했다. 서울 아파트를 팔 수 있는 길을 열어준 것이다. 그러나 다주택자들 중 아파트를 10년 이상 보유한 사람은 별로 없다. 아파트를 1채만 가지고 있는 사람들도 더 좋은 곳으로 갈아타야 하는데 대출 규제로 사지도 팔지도 못한다. 또한 7·10 부동산 대책으로 규제가 한층 더 강화되어 팔지 못하는 상황까지 왔다.

부동산 정책의 주된 목적은 주택 시장 안정화다. 정부는 주택 시장 안정화를 위해 많은 노력을 하고 있다. 2017년 8·2 부동산 대책부터 2020년 7·10 부동산 대책까지 22차례나 수많은 부동산 정책을 발표했다. 그 정책들의 핵심은 규제다. 하지만 집값 안정화를 위한 규제는 무리수로 보인다. 주택 시장 안정화를 위해서는 아파트 공급을 활성화시켜야 한다. 수요가 있을 때 공급을 해주어야 한다. 수요와 공급의 불균형은 서울 아파트 가격을 불안하게 만들고 시민의 주거를 불안정하게 만들 뿐이다.

서울 아파트는
통화량이 늘면 오른다

시중에 유동자금의 통화량이 많으면 화폐 가치는 떨어진다. 화폐 가치가 떨어지면 물가가 상승한다. 화폐와 물가는 서로 뗄 수 없는 관계다. 모든 거래는 화폐로 이루어지기 때문이다. 물가상승을 방어하기 위해 자금은 안전한 실물자산으로 몰려든다. 역사적으로 부동산 가격은 대부분 물가상승률 이상으로 올라갔다.

  그래서 항상 시중의 통화 유동성을 염두에 두어야 한다. 시중에 유동자금이 얼마나 많은지, 대규모 토지 보상 금액이 얼마인지 늘 관심 있게 지켜봐야 한다. 통화량이 늘어나면 결국 안전한 실물자산으로 쏠린다. 우리나라에서 가장 안전한 자산이 무엇인가? 바로 부동산이다. 부동산 중에서도 아파트와 토지다. 특히 아파트는 환금성이 매우 뛰어난 상품이다. 사기는 쉬워도 팔기가 어려운 토지에 비해 아파트는 언제든 팔아서 현금을 만들어낼 수 있다.

은행에서 가장 선호하는 대출 상품도 아파트 담보 대출이다. 왜냐하면 돈 떼일 염려가 없기 때문이다. 사람들이 은행에 정기예금을 하면 은행은 그 돈으로 담보 대출을 해주고 이자를 받아 수익을 창출한다. 정부는 한국은행을 통해 화폐를 찍어 유통한다. 바로 신용 창출이다. 정부에서는 마음만 먹으면 언제든 국채를 발행한다. 통화량은 이런 식으로 늘어난다.

반면 부동산은 공급하는 방식이 완전히 다르다. 아파트는 공급을 하는 데 많은 시간이 소요된다. 특히 수요가 많은 지역은 공급을 빠르게 늘릴 수가 없다. 시중에 통화량은 늘어나는데 부동산 공급이 늘어나지 않기 때문에 돈의 가치가 떨어진다. 아파트 공급량이 부족하고 통화량이 늘어나는 상황에서는 실물자산을 보유하는 것이 자산을 지키는 데 도움을 준다. 통화량과 주택 가격 지수를 다른 나라와 비교하면 좀더 이해가 쉽다.

우리나라의 시중 유동자금은 얼마인가?

2018년 우리나라 시중에 풀린 돈이 무려 2,700조 원이다. 2019년 기준 GDP가 1조 7,000억 달러(2,040조 원)니 GDP의 1.5배가 넘는 돈이 시중에 풀려 있었다. 시중에 돈이 넘치고 있다는 뜻이다. 미·중 무역 갈등과 현재 코로나19로 인해 정부에서 재정 확대 정책으로 돈을 풀고 있다. 대내외적으로 경제가 불안해 시중에 풀린 돈은 갈 곳이 없다. 기업은 유보금으로 쌓아두고 있다. 개인은 정기예금이나 은행에 돈을 저축하고 있다. 그렇다면 다른 나라의 통화량을 한번 비교해보자.

서울 아파트를 이해할 수 있는 빅데이터

<그림 3-9> 주요국의 GDP 대비 광의통화 비율

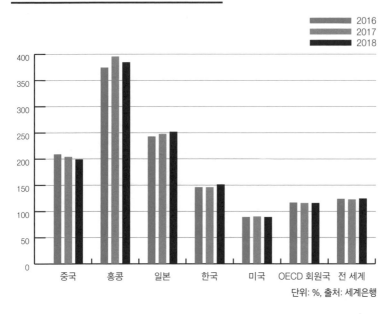

단위: %, 출처: 세계은행

<표3-3> 주요국의 광의통화량

	2016년	2017년	2018년
중국	209.5	204.2	199.1
홍콩	375.0	395.7	384.8
일본	243.5	247.9	252.1
한국	146.6	146.2	151.5
OECD 회원국	117.4	116.1	116.2
미국	89.9	90.5	89.5
전 세계	124.4	123.0	124.7

단위: %, 출처: 세계은행

전 세계 주요국의 광의통화 비율

〈그림 3-9〉와 〈표 3-3〉은 주요국의 GDP 대비 3년간 광의통화 비율이다. OECD 회원국인 중국, 홍콩, 일본, 미국 등 전 세계 평균 그래프와 도표다. 가장 높은 수치를 보여주고 있는 나라는 홍콩이다. 홍콩은 GDP 대비 광의통화 비율 평균치가 381.8%, 무려 4배에 가깝다. 일본은 평균 247.8%로, 약 2.5배다. 한국은 GDP 대비 광의통화 비율 평균치가 148.1%, 약 1.5배로, OECD 회원국과 전 세계의 평균치보다 높음을 알 수 있다. 미국은 GDP보다 통화량이 적다.

전 세계 GDP 대비 광의통화 비율 평균은 약 120%다. 통화량 증가로 가치가 떨어진 돈이 실물자산으로 이동하는 것은 세계적 현상이다. 각국은 경기 여건에 따라 금리를 올리고 내린다. 금리가 올라가면 시중 통화량이 줄어든다. 반면에 금리가 내려가면 통화량이 늘어난다. 현재 코로나19로 인해 전 세계는 재정 확대 정책을 펼치고 있다. 우리나라는 기준금리를 대폭 내리고 있어 시중에 돈이 급격하게 풀리고 있다.

도시의 실질 주택 매매 가격 지수는 어떻게 되는가?

〈그림 3-10〉은 IMF에서 발표한 글로벌 주택 가격 지수다. 2000년부터 2019년까지 그래프를 보면, 2000년부터 2008년까지 9년간 글로벌 주택 가격 지수가 우상향으로 상승해 2008년 최고점을 찍었다. 그리고 2008년에 미국발 금융위기가 시작되었다. 미국발 금융위기는 전 세계의 경제 위기를 불러일으켰다.

서울 아파트를 이해할 수 있는 빅데이터

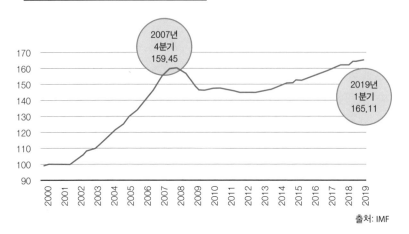

<그림 3-10> IMF 글로벌 주택 가격 지수

2007년
4분기
159.45

2019년
1분기
165.11

170
160
150
140
130
120
110
100
90

2000 2001 2002 2003 2004 2005 2006 2007 2008 2009 2010 2011 2012 2013 2014 2015 2016 2017 2018 2019

출처: IMF

  금융위기가 터지자 주택 시장은 침체되었다. 미국에서는 이자를 견디지 못한 주택 소유자들이 경매 시장에 매물을 쏟아냈고, 전 세계적으로 부동산 가격이 떨어졌다. 미국은 경제를 살리기 위해 양적 완화 정책을 실시했다. 당시 벤 버냉키 연방준비제도이사회 의장은 헬리콥터를 띄워서 달러를 뿌려 위기를 살려내겠다고 했다.

  2009년부터 2014년까지 글로벌 주택 가격 지수는 보합세를 유지했다. 그동안 미국은 양적 완화로 인해 통화량이 계속 쌓였고 그로 인해 2015년부터 2019년까지 글로벌 주택 가격 지수는 상승했다. 코로나19가 발생하기 전까지 미국은 경제성장률이 높고 고용률과 경기가 좋았다. 부동산 시장과 주식 시장도 호황을 누렸다.

  〈그림 3-11〉은 2014년부터 2018년까지 5년간 주요 도시의 주택 매매 가격 변동률이다. 가장 많이 상승한 도시는 63.1%

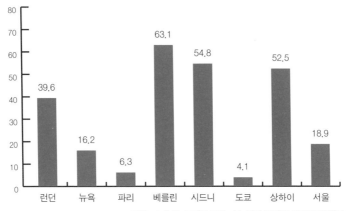

<그림 3-11> 주요 도시 주택 매매 가격 변동률

단위: %, 출처: 문재인 정부 2년, 주택 정책의 성과와 과제(서순탁)

상승한 베를린이다. 다음으로 54.8% 상승한 시드니다. 상하이는 52.5%, 런던은 39.6%, 서울은 18.9% 상승했다. 한국보다 통화량이 많은 도쿄는 4.1% 상승했다. 가장 낮은 상승률을 보였다.

　주택 매매 가격 변동률이 GDP 대비 통화 비율과 반드시 일치하는 것은 아니다. 그 나라의 여러 경제 사정을 고려해야 한다. 서울은 다른 주요 선진국보다 상승률이 낮다. 우리나라에서는 서울 집값이 가파르게 올라간다고 걱정하지만, 다른 나라 주요 도시와 비교했을 때는 양호한 수치임을 알 수 있다.

　세계 여러 나라의 통화량과 주택 가격 지수, 주요 도시의 주택 가격 지수를 알아보았다. 통화량 증가는 주택 매매 가격 지수와 같이 상승한다는 것을 알 수 있다. 일본을 제외한 다른 여러 국가를 통해서 확인했다. 우리나라는 통화량 상승에 따라 주택 가격 지

서울 아파트를 이해할 수 있는 빅데이터

수가 올라간다. 경제 규모가 커질수록 통화량이 늘어나 인플레이션으로 실물자산이 큰 영향을 받는다. 부동산에 투자할 때는 반드시 통화량이 지속적으로 증가하는지를 확인해야 한다.

가계 부채는
위험한 수준인가?

경제 규모가 커질수록 가계 부채는 꾸준히 상승한다. 부동산 하락론자들은 가계 부채의 심각성을 지적한다. 대출 규모 사상 최대치의 위험성을 경고하며 나라 경제가 무너질 듯 말한다. 사실상 은행 대출이 집값을 떠받치고 있다고 주장하기도 한다. 빚에는 많은 위험이 존재하는 것이 사실이다.

내 집 마련을 할 때 대부분의 직장인과 자영업자는 대출을 받는다. 경제가 잘 돌아가고 직장도 잘 유지가 되고 사업도 잘된다면 대출은 큰 문제가 없다. 담보 대출은 대략 30년가량의 장기간에 걸쳐서 원금과 이자를 갚아나가기 때문이다. 하지만 이들은 회사 경영 위기나 경제 위기 상황이 발생하면 가장 먼저 위험에 노출된다. 가계 부채의 잠재된 위험성이 폭발해버리면 어떻게 될까? 집값이 폭락하고, 부동산 담보 대출로 은행이 부도 위기에 처하는 등 위험

서울 아파트를 이해할 수 있는 빅데이터

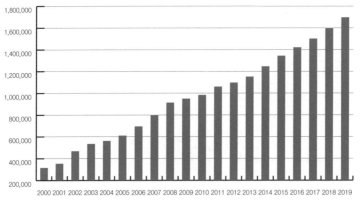

단위: 10억원, 출처: 한국은행

한 상황까지 초래할 수 있다.

　하지만 과연 가계 부채는 위험 수준인가? 가계 부채는 부채만 봐서는 안 된다. 은행 예금 규모도 같이 봐야 한다. 예금은 없고 대출만 있다면 위험하다. 대출이 1억 원이 있고, 예금이 1억 원이 있으면 과연 위험한 상황인가? 예금은 그대로 있고 대출이 1억 원이 더 늘었다면 위험하다. 그렇다면 우리나라 대출금과 총 예금을 알아보자.

우리나라 총 대출 금액은 얼마인가?

〈표 3-12〉는 2000년부터 2019년까지 총 대출 금액이다. 20년간 대출금이 단 한 차례도 줄지 않고 늘어나 2019년 1,700조 원에 이르렀다. 이 그래프만 보면 우리나라 가계 대출이 심각하다고 볼 수 있다. 우리나라 경제는 20년간 매년 성장해왔다. 자산과 함께 부채

도 늘어나고 순자산도 늘어났다는 의미다. 어떤 사물을 볼 때에는 한쪽 면만 봐서는 안 된다. 여러 가지 데이터와 함께 봐야 한다. 그리고 공신력 있는 데이터를 분석할 줄 알아야 한다. 대출금 증가는 꼭 부정적인 의미만 있는 것은 아니다.

대출은 순기능도 있다. 대출을 통해서 내 집 마련을 하면 경제가 순환된다. 분양이 잘되면 건설사는 아파트 공사를 시작한다. 각종 자재와 장비가 동원되고, 일자리를 만들어내 지역 경제에 커다란 도움을 준다. 아파트에 입주하는 사람들은 양질의 주거지를 마련할 수 있어 좋다. 모자라는 금액은 은행에서 담보 대출을 받는다. 은행은 대출 이자를 받아 직원 급여를 지급한다. 부동산 건설은 특히 일자리를 많이 창출하는 부문이어서 국가 경제에 커다란 역할을 한다.

우리나라 총 예금 금액은 얼마인가?

〈그림 3-13〉은 2000년부터 2019년까지 총 예금액이다. 총 예금은 단 한 차례 감소 없이 20년간 상승했다. 2019년 예금 규모가 대략 1,500조 원이다. 경제 규모가 커질수록 총 예금도 증가한다는 것을 알 수 있다. 우리나라는 수출로 먹고산다. 경제가 매년 성장한다는 것은 기업의 수출이 잘되고 있다는 의미다. 기업이 성장하면 일자리도 늘어나고 임금도 늘어난다. 임금이 늘어나면 예금도 늘어난다.

〈그림 3-14〉는 2000년부터 2019년까지 총 대출금과 총 예금 그래프다. 우리나라 총 예금과 총 대출금이 비례 관계임을 알 수 있다. 대출금이 상승하면 예금도 같이 상승하고 있다. 2019년에 예

서울 아파트를 이해할 수 있는 빅데이터

<그림 3-13> 우리나라 예금 금액

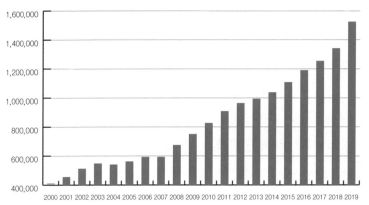

단위: 10억원, 출처: 한국은행

<그림 3-14> 총 예금액과 총 대출금

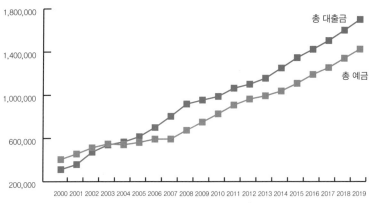

단위: 10억원, 출처: 한국은행

돈이 되는 서울 아파트, 지금 당장 사라

금액은 약 1,500조 원, 대출금은 약 1,700조 원임을 알 수 있다. 이해가 쉽도록 단위를 바꿔보면 대출금 1억 7,000만 원에, 예금 1억 5,000만 원인 셈이다.

〈그림 3-14〉에서 보는 것과 같이 대출금은 예금액보다 약 200조 원이 더 많다. 아직까지 위험한 수준은 아니다. 과열되는 부동산을 진정시키기 위해 정부에서 많은 노력을 하고 있다. 대출 기준을 더 까다롭게 했다. 미리 위험을 차단하는 긍정적인 효과도 있다. 그렇다면 은행권과 비은행권의 대출 연체율을 객관적으로 살펴보자.

은행권과 비은행권 가계 대출 연체율

〈그림 3-15〉는 2015년부터 2019년까지 가계 대출 연체율 그래프다. 이 그래프를 보면 은행 가계 대출과 주택 담보 대출의 연체율은 5년간 완만하게 줄어들고 있다. 반면 비은행 가계 대출과 주택 담보 대출은 2015년부터 내려가던 연체율이 2017년 3분기를 기점으로 2019년 3분기까지 올라가는 것을 확인할 수 있다.

비은행권은 은행권보다 대출 금리가 높다. 기준 금리가 올라가면 이자를 내는 데 상당히 부담스럽다. 게다가 비은행권을 이용하는 사람들은 은행권을 이용하는 사람들보다 신용도가 낮고 소득 수준이 낮다. 은행권 가계 대출 연체율은 안정적인 반면 비은행권은 기준 금리가 오르면 가계 대출 연체율도 오른다.

이렇듯 기준 금리가 연체율 변동에 영향을 준다. 현재는 저금리로 대출 이자 연체율이 지속적으로 내려가고 있다. 현재 주택 담

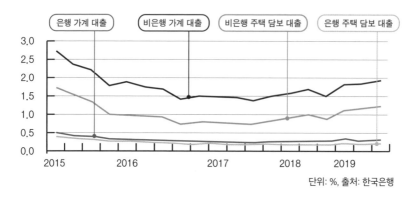

<그림 3-15> 가계 대출 연체율

은행 가계 대출　비은행 가계 대출　비은행 주택 담보 대출　은행 주택 담보 대출

단위: %, 출처: 한국은행

보 대출은 2%대다. 심지어 1%대 주택 담보 대출도 나오고 있는 중이다. 앞으로도 경기 여건에 따라 대출 금리가 내려갈 확률이 높다. 이것을 보면 아직 우리나라의 가계 대출 연체율은 위험한 상황이 아니다. 물론 경제성장률이 좋아지고 고용 지표가 개선되면 기준 금리가 올라갈 수 있다. 기준 금리는 예측하기 쉽지 않다. 불확실한 세계 경제는 내일을 알 수 없다. 다만 여러 가지 신호를 통해 전망해볼 뿐이다.

　내 집 마련을 할 때에는 대출을 받을 수밖에 없다. 급여를 받아 저축해서 아파트를 산다는 것은 현실적으로 쉽지 않다. 3년만 더 저축하면 내 집 마련을 할 수 있는데, 현실은 기다려주지 않는다. 3년 뒤 아파트 가격이 그대로라면 문제가 없다. 하지만 아파트 가격은 오르게 되어 있고, 그때 가서 다시 몇 년을 더 저축해야 하는 상황이 될 것이다.

　우리나라 경제는 지속적으로 성장하고 있다. 경제 규모가 커짐에 따라 가계 부채가 늘어날수록 예금액도 늘어나고 있음을 확인할 수 있다. 가계 부채 연체율도 안정적이다. 은행권 가계 대출 연체율은 완만하게 줄어들고 있다. 다만 비은행권은 완만하게 연체율이 올라가고 있는데, 기준 금리의 영향을 많이 받는 만큼 대비책을 마련해야 한다. 앞으로 경제 여건에 따라 기준 금리가 올라갈 수도 내려갈 수도 있다. 기준 금리에 따라 대출 금리도 조정될 것이다. '사상 최대치의 가계 부채'는 위험한 수준이 아니다.

인플레이션과 물가상승률, 집값에 미치는 상관관계

인플레이션은 주택 시장에 커다란 영향을 끼친다. 부동산 가격은 근본적으로 시간이 지남에 따라 올라갈 수밖에 없다. 통화량이 늘어나고 화폐 가치가 떨어지기 때문이다. 경제 규모가 커질수록 통화량이 늘어나 인플레이션의 물가상승 압박을 받는다.

부자들은 늘 돈을 버는 것보다 지키는 것이 어렵다고 말한다. 부자는 3대를 못 간다는 말이 있다. 돈은 수십 개의 눈이 있다고 한다. 주인이 돈을 함부로 대하거나 적절히 활용하지 못 한다면 돈은 도망친다. 돈은 또 다른 주인을 찾아다닌다. 우리는 돈의 흐름을 제대로 읽을 줄 알아야만 돈을 벌고 지켜낼 수 있다.

부동산은 인플레이션과 뗄 수 없는 관계다. 인플레이션의 기본적인 개념을 모른다면 자산을 지켜내기 어렵다. 건물주들은 부러움의 대상이다. 그러나 번화가의 건물 여러 개를 무작위로 골라

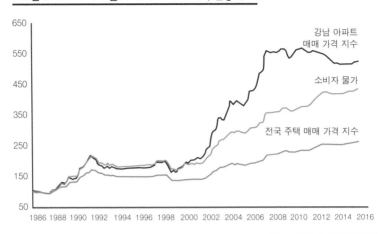

<그림 3-16> 소비자 물가 대비 아파트 가격 변동 추이

단위: %, 출처: 통계청, 한국은행

등기부등본을 떼보면 의외로 손 바뀜이 자주 일어난다.

소비자 물가 대비 아파트 가격 변동 추이

〈그림 3-16〉은 소비자 물가 대비 아파트 가격 변동 추이 그래프다. 1986년부터 2016년까지 소비자 물가 대비 아파트 가격 지수다. 소비자 물가, 전국 주택 매매 가격 지수, 강남 아파트 매매 가격 지수는 30년간 우상향으로 상승한 것을 알 수 있다. 대치동 은마아파트 101㎡가 1988년 7,500만 원에서 2017년 14억 7,670만 원이었다. 물가는 경제 충격이 있을 때는 그 영향을 받지만, 다시 회복되어 올라가고 있다. 물가는 계속 오른다. 앞으로 30년 후의 물가는 또 어떻게 되겠는가? 인플레이션은 지속적으로 일어나고 있다.

서울 아파트를 이해할 수 있는 빅데이터

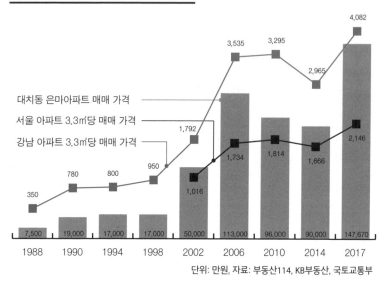

<그림 3-17> 서울·강남 아파트 매매 가격

대치동 은마아파트 매매 가격
서울 아파트 3.3㎡당 매매 가격
강남 아파트 3.3㎡당 매매 가격

연도	1988	1990	1994	1998	2002	2006	2010	2014	2017
은마						3,535	3,295	2,965	4,082
서울	350	780	800	950	1,016	1,734	1,814	1,666	2,146
강남				1,792					
거래	7,500	19,000	17,000	17,000	50,000	113,000	96,000	90,000	147,670

단위: 만원, 자료: 부동산114, KB부동산, 국토교통부

서울 아파트와 강남 아파트 매매가 추이

〈그림 3-17〉을 보면 2002년 서울 아파트 3.3㎡당 가격은 1,016만 원에서 2017년 2,146만 원으로 상승했다. 강남 아파트는 1988년에 3.3㎡당 가격이 350만 원이었다. 2017년에는 4,082만 원으로 무려 11배 이상 상승했다.

시간이 지날수록 서울 아파트 가격은 상승한다. 그리고 입지가 좋은 아파트일수록, 비싼 아파트일수록 평균 상승률보다 높게 상승하는 것을 알 수 있다. 아파트를 매입할 때 비싼 아파트나 입지가 좋은 아파트를 매입하면 물가상승률 이상으로 상승한다.

<표 3-4> A씨의 가계부

A씨의 교통 가계부			A씨의 과자류 가계부			A씨의 음식 가계부		
1997년	구분	2017년	1997년	구분	2017년	1997년	구분	2017년
400원	시내버스	1,200원	400원	새우깡	1,200원	3,066원	삼겹살	13,860원
400원	지하철	1,250원	200원	빼빼로	1,200원	8,500원	치킨	17,000원
1,000원	택시	3,000원	200원	메로나	600원	2,300원	햄버거	4,400원

출처: 서울시, 각 시 종합농산물유통 정보

교통비, 생필품, 식료품 물가상승

〈표 3-4〉는 1997년부터 2017년까지 교통비, 과자류, 음식 등 물가가 얼마나 올랐는지를 보여준다. 시내버스 요금은 400원에서 1,200원으로 상승했다. 지하철 요금과 택시비도 올랐다. 교통비는 평균적으로 3배 이상 상승했다. 과자류를 보면 새우깡은 400원에서 1,200원으로 800원이 상승했다. 빼빼로는 200원에서 무려 1,200원으로 올랐다. 삼겹살은 3,066원에서 1만 3,860원으로 올랐다. 20년간 교통비와 과자류, 음식류 등 오르지 않은 것이 없다. 물가가 계속 상승하고 있다는 것을 알 수 있다.

내 집 마련을 망설이는 사람들이 많다. 다양한 이유가 있다. 아파트 가격이 너무 비싸고, 경제성장 둔화로 아파트 가격이 떨어지지 않을까 하는 걱정 때문일 것이다. 하지만 집값은 지금이 가장 싸다. 내 집 마련을 하고 난 다음 5년 후를 생각해보면 어떨까? 과연 집값이 제자리에 있겠는가?

대출 원금 상환과 이자에 대한 부담도 줄어든다. 대출을 받을 당시에는 대출금이 부담스럽게 느껴지더라도 시간이 지나갈수록

163

부담이 훨씬 덜해진다. 대출 원금은 계속 줄어들고 직장에서 승진하면 급여도 올라가기 때문에 내 집 마련은 경제적으로도 아주 유리하다.

인플레이션은 무섭다. 변화의 흐름에 깨어 있지 않으면 언제든지 달려와 호주머니를 털어가 버린다. 실체도 보이지 않는다. 지극히 합법적으로 호주머니를 털어가기 때문이다. 인플레이션을 방어하기 위해서는 인플레이션이 들어오지 못하도록 호주머니를 실로 꿰매야 한다. 그렇다면 구체적인 방법을 알아보자.

첫째, 실물자산을 보유하는 것이다. 주택은 인플레이션을 방어하기 좋은 수단이다. 역사적으로 주택 가격은 물가상승률보다 높았다. 둘째, 주택 담보 대출이다. 부채도 자산이다. 물가가 올라가면 화폐 가치는 떨어진다. 화폐 가치가 떨어지면 주택 담보 대출이라는 부채의 실질 가치가 줄어든다. 화폐 가치가 떨어질수록 주택 담보 대출을 받는 것이 유리하다. 셋째, 금이다. 주택과 달리 금은 환금성이 쉽다. 급할 때 바로 현금을 만들 수 있다. 금값은 지난 10년간 4배 정도 상승했다. 불과 15년 전만 해도 돌잔치를 할 때 돌 반지를 선물했다. 그러나 지금은 금값이 너무 올라 주로 현금으로 대신한다.

안정적이고 안전한 것만 찾으면 발전할 수가 없다. 변화를 잘못 읽으면 가지고 있는 자산을 전부 잃어버릴 수 있다. 계속 진화해나가야 한다. 부동산도 계속 변화가 일어나고 있다. 임대 시장에는 뉴스테이도 생겨났고, 아파트 내부 마감재부터 사물인터넷, 인공지능 아파트 등 편리성도 진화하고 있다. 앞으로 어떻게 변화할지 아무도 모른다. 경제성장률이 멈추거나 둔화되고, 혹은 마이너스 성장으로 갈 수도 있다. 그 흐름을 잘 감지해 카멜레온처럼 변화의 물결에 적응하며 살아나가야 할 것이다.

이와 같이 인플레이션은 실물자산에 커다란 영향을 미친다. 과거 30년간 서울 아파트 가격 상승률은 물가상승률보다 높았다. 그중에서 강남 아파트 상승폭이 높았다. 소비자 물가 지수도 지속적으로 올랐다. 역사적으로 봤을 때 현금을 가지고 있으면 불리하다는 것을 알 수 있다. 인플레이션을 방어하기 위해서는 현금을 금으로, 부동산 자산으로 이동하면 인플레이션의 위험에서 벗어날 수 있다.

서울 아파트를 이해할 수 있는 빅데이터

한국과 일본의
부동산 흐름과 가격 동향

한국의 부동산은 일본과 자주 비교된다. 한국의 부동산이 지난 20년 동안 일본과 비슷한 흐름을 겪다가 대폭락을 겪을 가능성이 있다고 주장하는 사람이 많다. 일본처럼 장기 불황, 저성장, 빈집 증가, 인구 감소와 고령화로 인해 부동산이 폭락할 것이라고 이야기한다. 현재 서울 아파트 가격이 많이 올라 일본처럼 폭락할 가능성이 있다고도 한다. 과연 그럴까?

한국과 일본의 경제력·군사력 비교

〈표 3-5〉는 한국과 일본의 규모와 경제력을 비교한 표다. 인구는 한국이 5,170만 명, 일본은 1억 2,640만 명이다. 일본의 인구가 7,500만 명 정도 많다. 국토 면적은 일본이 한국보다 대략 4배가 넓다. 한국은 GDP가 1조 6,556억 달러, 일본은 5조 706억 달러다.

<표 3-5> 한국과 일본의 규모 및 경제력·군사력 비교

2018년 기준	한국	일본
인구	5,170만 명	1억 2,640만 명
면적	9만 9,848㎢	37만 7,835㎢
GDP	1조 6,556억 달러	5조 706억 달러
1인당 국민소득(명목)	3만 2,046달러	4만 106달러
경제성장률	2.7%	0.7%
경상 흑자	764억 달러	2,122억 달러
총 수출액	6,284억 달러	7,431억 달러
주력 산업	반도체, 자동차, 석유 화학, 휴대전화, 가전, 조선 등	자동차, 전자, 기계, 가전, 소재·장비 등
세계 전투력 순위(국방비)	7위(약 383억 달러)	6위(약 470억 달러)
병력	약 62만 명	약 25만 명
구축함/이지스함	12척/3척	38척/7척

출처: 한국수출입은행, 세계은행 국방백서

1인당 국민소득은 한국은 3만 2,046달러, 일본은 4만 106달러다. 경제성장률은 한국이 2.7%, 일본은 0.7%로 나타났다.

경상 흑자에서 한국은 764억 달러, 일본은 2,122억 달러다. 총 수출액은 한국이 6,284억 달러, 일본이 7,431억 달러로 나타났다. 전체적으로 1인당 국민소득과 총 수출액을 제외한 나머지 경제력을 보면 3배 정도 일본이 앞서나가고 있다.

우리나라는 경제와 부동산을 이야기할 때 일본과 비교를 많이 한다. 과거에 한국이 일본을 따라잡는다는 것은 불가능한 것처럼 느껴졌다. 그러나 1인당 국민소득을 보면 놀랍게도 한국이 일본의 턱밑까지 격차를 줄이고 있다는 사실을 알 수 있다.

서울 아파트를 이해할 수 있는 빅데이터

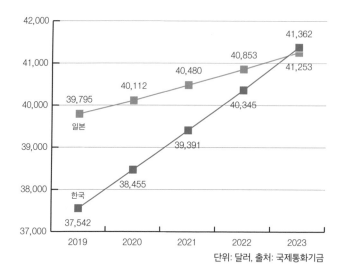

<그림 3-18> 한·일 1인당 구매력 평가 기준 국민소득 전망

단위: 달러, 출처: 국제통화기금

전문가들은 2023년에 1인당 국민소득이 일본을 따라잡을 것이라고 한다(〈그림 3-18〉). 한국이 일본과 규모면에서 경제력은 떨어지지만 정량적으로 보면 격차가 좁혀지고 있다. 과거 워크맨, CD 플레이어, 가전제품, 애니메이션, 음악 등 다양한 부분에서 일제가 인기를 누렸다. 품질도 좋고 디자인도 세련되어 전 세계적 열풍을 일으켰다.

그러나 현재는 어떤가? 일본의 전자 관련 회사는 거의 도태되고 사라져 버렸다. 이제는 하드웨어에서 소프트웨어로 변화되었다. 한 나라의 가장 중요한 플랫폼은 한국이 장악해나가고 있는 것이다.

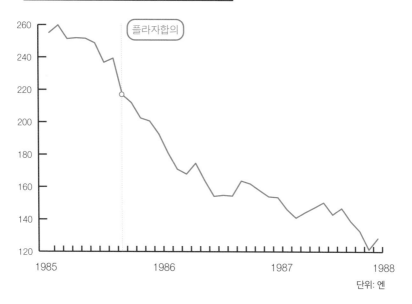

<그림 3-19> 플라자합의와 달러-엔 환율 변동

플라자합의

단위: 엔

일본의 부동산 폭락은 어디서부터 시작되었는가?

1980년대 일본은 화산이 폭발하듯 경제 활황이 지속되고 있었다. 1985년 9월 22일에 미국, 영국, 서독, 프랑스, 일본 등 G5가 합의한 플라자합의로 인해 일본 경제에 커다란 변곡점이 발생했다(〈그림 3-19〉). 플라자합의 이후에 환율이 달러당 250엔에서 150엔까지 급격히 떨어졌다. 달러당 엔화가 떨어지면 수출 경제력이 떨어진다. 즉, 수출된 일본 상품 가격이 높아져 다른 상품들과 경쟁력에서 밀린다는 의미다. 수출을 통해 성장하는 일본은 직격탄을 맞았다. 일본의 경제성장률이 6%에서 2%로 급격히 내려갔다. 바로 여기에서 부동산 폭락의 전조가 시작되었다.

일본은 1985년부터 1990년대까지 대도시 땅값이 3~4배 상

서울 아파트를 이해할 수 있는 빅데이터

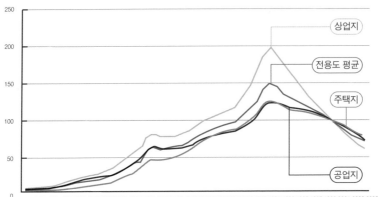

출처: Japan Real Estate Insilule

승했다(〈그림 3-20〉). 1987년 한해에 도쿄, 오사카, 나고야, 요코하마, 교토, 고베 등 대도시 땅값이 평균 30.7% 상승했다. 일본의 부동산 상승은 1970년 후반부터 1991년까지 15년 동안 지속되었다. 1987년부터 1991년까지 4년간 부동산 가격은 그야말로 폭등했다. 너도 나도 부동산에 투자했다.

당시 일본은 대출 규제가 없었다. 주택 담보 대출은 집값보다 더 많은 금액을 빌려주었다. 일본 기업은 국내외 주식·채권 시장에서 자금을 융통해 부동산에 투자했다. 결국 불타오르는 부동산 시장을 잠재우기 위해 일본 정부는 기준 금리를 인상해버렸다.

1989년 일본은행 총재에 취임한 미에노 야스시는 1989년에서 1990년까지 1년 동안 연 2.5%에서 6%로 기준 금리를 급격하게 인상했다. 부동산 폭등기에 무리하게 대출한 투자자와 기업, 가계가 직격탄을 맞았다. 기업은 빚을 감당하지 못해 파산하고 말았다. 기업이 파산하자 은행권 부실과 실업자 급증 등으로 경제 침체가 가속되었다.

1991년 이후 일본 부동산 가격은 하락하기 시작했다. 부동산 가격 하락의 끝은 보이지 않았다. 무려 20년 이상 지속되었다. 우리나라도 IMF 외환위기 당시 금리가 20%까지 치솟은 적이 있었다. 무리하게 대출한 기업들이 이자를 감당 못해 도산하고 경기 침체를 겪었다.

한국의 빈집 수, 일본의 빈집 수

노무라종합연구소NRI의 통계를 보면, 일본의 빈집 비율은 1978년 7.6%에서 2018년 17.0%까지 실질적으로 높아졌다. 2018년 기준으로 1,083만 채의 빈집이 있고, 매년 50~80만 채가 늘어나고 있다. 2023년에 21.1%로 1,405만 채, 2033년에는 30.4%로 2,166만 채로 늘어날 것으로 예측하고 있다(〈그림 3-21〉).

빈집이 있다는 것은 주택 보급률이 100%를 초과해 집이 남아돈다는 뜻이다. 일본의 주택 보급률은 120%에 이른다. 일본은 초고령화 사회로 접어들고 있다. 수치로 보았을 때 빈집이 늘어날수록 주택 가격은 떨어져야 한다. 그러나 일본 부동산은 폭락 후에 다시 살아나고 있다. 2011년 이후부터 부동산 가격은 상승하고 있다(〈그림 3-22〉). 2018년까지 3대 도시 상업지, 3대 도시 주택지 등을 중심으로 부동산 가격이 상승하고 있다.

그렇다면 한국은 어떨까? 한국은 1995년의 전국 빈집 수는

서울 아파트를 이해할 수 있는 빅데이터

\<그림 3-21\> 일본의 총 주택수·빈집 수·빈집 비율 추이 및 예측

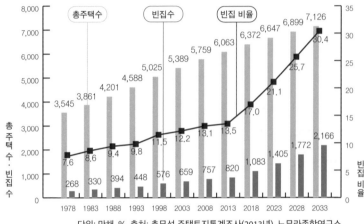

단위: 만채, %, 출처: 총무성 주택토지통계조사(2013년), 노무라종합연구소

\<그림 3-22\> 일본 지가 변동률

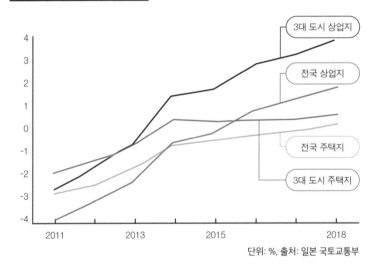

단위: %, 출처: 일본 국토교통부

돈이 되는 서울 아파트, 지금 당장 사라

36만 5,446만 채다. 2017년 기준으로 126만 4,707채다(〈그림 3-23〉). 22년간 전국의 빈집 수는 무려 90만 채가 증가했다. 현재 전국 주택의 6.5%가 빈집이다. 30년 후(2050년)에는 빈집이 302만 채로 우리나라 주택 10채 중 1채는 빈집이 될 것으로 예측하고 있다(〈그림 3-24〉). 저출산과 고령화로 한국은 인구가 감소할 것으로 보인다. 이 통계로 보면 앞으로 빈집이 계속 늘어나고 집값은 떨어질 것으로 예측할 수 있다. 그런데 지자체별로 보면 서울은 9만 3,000채다. 서울에도 빈집이 이렇게 많다. 그런데 서울 집값과 전세 가격은 왜 상승할까?

이 빈집 통계에는 오류가 있다. 서울의 빈집은 대부분 재개발 예정 지역에 있다. 노후화가 이미 진행되어 사람이 살기가 어렵다. 주택과 주택 사이 도로 폭이 좁고 낙후되어 범죄의 우려도 크고 편의 시설도 없는 등 슬럼화가 진행되고 있다.

일본은 노령 인구가 많다. 그들이 시골이나 도시 외곽에 거주하다가 사망하면 그 집은 빈집으로 남게 된다. 우리나라도 비슷하다. 지방의 빈집은 대부분 시골에 있고, 시골에는 노인이 많이 살고 있다. 이들이 사망했을 때 빈집으로 방치되는 것이다.

한국의 부동산은 일본의 부동산처럼 폭락할 위험은 없다. 일본의 부동산이 폭락할 당시에는 주택 담보 대출 규제와 한도가 없었다. 일본은 부동산 시세보다 대출을 많이 해주었다. 하지만 우리나라 은행은 주택 담보 대출 비율 규제 등을 통해 집값이 하락할 경우 부실의 위험성을 낮췄다. 현재 정부에서는 가계 부채와 부동산 담보 대출에 대해 지속적으로 규제를 강화하고 있다. 한국의 국

서울 아파트를 이해할 수 있는 빅데이터

\<그림 3-23\> 한국의 전국 빈집 현황

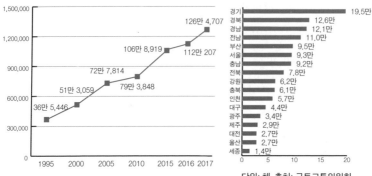

단위: 채, 출처: 국토교통위원회

\<그림 3-24\> 한국의 전국 빈집 수

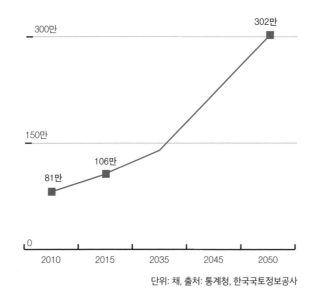

단위: 채, 출처: 통계청, 한국국토정보공사

돈이 되는 서울 아파트, 지금 당장 사라

가 신용 등급은 높다. S&P는 한국의 신용 등급을 'AA'로 평가한다. 일본은 'A+'이다. 한국이 일본보다 2배가 높다. 국가 부채 비율을 보면 한국은 GDP 대비 40%밖에 되지 않는다. 그러나 일본은 250%다.

노무현 정부 시절 불타오르는 부동산 시장을 잠재우기 위해 각종 규제 정책을 실시했다. 그러나 부동산 시장을 규제하고 각종 세금을 올릴수록 집값이 상승하자, 정부에 대한 비판이 연일 쏟아졌다. 노무현 대통령 임기가 끝날 때까지 정부의 부동산 정책에 대한 평가는 비판에서 시작해 비판으로 끝나버렸다.

그러나 2008년 금융위기가 터지자 우리나라는 세계에서 가장 빨리 금융위기에서 벗어났다. 금융위기의 근본적인 원인은 과도한 주택 담보 부실 대출이었다. 금융위기가 오기 전에 노무현 정부 시절의 주택 담보 대출 규제로 인해 세계적 금융위기에 대처할 수 있었다.

서울 아파트를 이해할 수 있는 빅데이터

금리가 아파트 가격에
미치는 영향

금리는 경제 여건에 따라 오르고 내린다. 실물경제가 나아지고 고용 지표가 개선되고 수출이 좋아지면 금리가 오른다. 경제가 어려우면 금리를 내린다. 금리는 자산 가격에 영향을 미친다. 금리가 오르면 대출을 많이 받은 기업이나 가계에 커다란 위협이 된다.

금리가 경제에 미치는 기본적인 원리

금리의 변동에 따라 저축, 기업, 물가, 국가 간의 자금 흐름 등이 영향을 받는다. 저축을 얼마나 할 것인지는 소득 수준에 따라 다르지만, 공통적으로 금리의 영향을 받는다. 금리가 오르면 저축을 늘린다. 더 많은 이자를 주는 은행을 찾아다닌다. 저축은 늘고 소비가 줄어든다. 반대로 금리가 떨어지면 저축은 줄어든다. 금리가 오르고 내릴 때마다 저축이 늘어나고 줄어드는 현상이 반복된다.

기업의 투자 활동도 금리에 민감하게 반응한다. 기업은 생산 설비, 연구 개발비 등 지속적인 경쟁력을 갖추기 위해 투자를 하는데, 이때 투자에 필요한 자금을 은행에서 조달한다. 금리가 오르면 이자 비용이 늘어나고, 이자 비용이 늘어나면 기업은 투자를 줄인다. 투자 축소는 일자리 감소로 이어진다. 일자리는 대부분 기업에서 창출되기 때문이다.

일자리가 줄어들면 정부는 기업이 투자할 수 있도록 다시 길을 열어준다. 반대로 금리가 하락하면 이자 비용이 줄어들기 때문에 기업이 투자를 늘린다. 이자 비용이 줄어들어 기업에서 적극적으로 생산 설비와 연구 개발비 등을 늘린다. 투자가 늘어날수록 일자리도 함께 늘어난다.

금리가 오르면 개인은 은행에 돈을 더 맡긴다. 즉, 상품을 사고자 하는 수요가 줄어든다. 따라서 금리가 상승하면 물가가 하락한다. 이자가 상품의 생산 원가에 포함되므로 상품 가격은 상승하지만, 원가 상승보다 수요 감소가 더 큰 영향을 끼친다. 수요 감소가 물가를 떨어뜨린다는 것이 일반적인 의견이다.

금리는 국가 간의 돈의 흐름에도 영향을 미친다. 한국이 금리를 내려 외국 금리보다 낮아지면, 한국에 있는 자금이 외국으로 이동한다. 한국의 금융기관에서 돈을 운영하는 것보다 자기 나라의 금융기관에서 운영하는 것이 이익이기 때문에 자금 유출이 심화된다.

반대로 한국이 금리를 올리면 자기 나라에서보다 한국에서 자금을 운영하는 것이 이익이기 때문에 자금이 한국으로 들어오게 된다. 투자자들은 절대 손해를 보려 하지 않는다. 오로지 높은 이익을 찾아 떠돌아다닌다.

금리는 정책 수단으로 활용되고 있다. 투자와 소비 등 경제가 과열되면 금리를 올려 진정시킨다. 반대로 투자와 소비가 침체되면 경제를 활성화시키기 위해 금리를 내린다. 금리 변동이 심하면 기업이나 투자자들은 사업 전망이 어려워진다. 경제 활동에 대한 의사 결정이 힘들어지기 때문이다. 그 때문에 정부와 금융 당국은 급격한 변동이 생기지 않도록 시장을 관찰하고 관리한다. 우리나라는 비교적 안정적으로 금리를 운용하고 있다.

금리가 오르면 아파트 가격이 떨어질까?

2016년 11월 8일, 미국 제45대 대통령 선거에서 유력한 당선 후보였던 힐러리 클린턴을 제치고 도널드 트럼프가 당선되었다. 선거 기간에 트럼프 후보는 '미국을 한 번 더 위대하게'라는 선거 구호를 걸고 각종 공약을 쏟아냈다. 2016년 이후 미국 연준 기준 금리는 2019년 5월까지 상승했다.

한국은 2015년부터 2017년 5월까지 기준 금리를 내렸고, 그후 한국과 미국의 기준 금리가 역전되었다. 한국보다 미국 금리가 높아진 것이다. 금융 시장에서는 공포감이 조성되었다. 한국에 있는 해외 자금이 기준 금리가 높은 미국으로 흘러갈 것이라고 했다.

미국발 금리 인상으로 우리나라도 금리가 상승되고 이로 인해 가계 부채가 붕괴된다는 뉴스가 각종 언론을 뒤덮었다. 금융 시장은 위축되고 부동산 가격도 곧 떨어질 것이라고 했다. 미국의 금리 인상이 본격화된다면, 우리나라도 금리를 올릴 수밖에 없다고

<그림 3-25> 한국과 미국의 기준 금리

단위: %, 출처: 한국은행, 미국 연방준비제도위원회

<그림 3-26> 서울 아파트 증감율과 기준 금리

출처: 한국은행, 국토교통부

서울 아파트를 이해할 수 있는 빅데이터

사람들이 이야기했다. 금리 상승에 따른 가계 부채 이자 부담으로 아파트를 내다판다는 논리였다. 이런 현상이 지속된다면 집값 하락은 물론 은행 대출 부실로 연쇄 반응이 일어날 것이라고도 했다.

1999년 7월부터 2001년 초반까지, 2005년 8월부터 2007월 9월까지 한국이 미국보다 기준 금리가 낮았다(〈그림 3-25〉). 하지만 이 시기에 한국에 있는 자금이 모두 미국으로 돌아가지는 않았다. 그렇다면 주택 담보 대출 이자 부담으로 아파트 매물이 쏟아져나와 아파트 가격이 떨어졌는가?

처음 내 집을 마련하는 사람들은 걱정할 것이 너무나 많다. 내가 집을 사고 집값이 떨어지면 어떡할까 하는 주변 사람들의 말과 대출에 대한 우려다. 대출에 대한 선입견을 가진 사람도 많았다. 어릴 적부터 대출을 받으면 안 된다는 이야기를 많이 들었을 것이다. TV에서도 빚쟁이에게 쫓기다 결국 몰락하는 인물들이 자주 등장했다.

정부와 기업은 부채를 통해 레버리지를 극대화한다. 가계도 다른 경제 주체들과 같이 담보 대출을 활용해 하루빨리 내 집 마련을 해야 한다. 머뭇거리다 내 집 마련을 못할 수도 있다. 지금은 사상 최대 저금리 시대다. 대출 이자 부담이 덜하다. 특히 조건이 맞으면 정부에서 직접 취급하는 상품들도 이용할 수 있으니 적극적으로 찾아보면 좋을 것이다.

직장인과 자영업자를 비롯한 대부분의 사람들은 주택 담보 대출이라는 레버리지를 활용해 내 집을 마련한다. 어떤 일을 선택할 때 완벽하게 안전한 것은 없다. 위험을 회피하려면 아무것도 안

<표 3-6> 기준 금리와 아파트 가격

기간	기준 금리	아파트 가격
2000~2005년	하락	상승
2005~2008년	상승	상승
2008~2009년	하락	보합
2010~2011년	상승	하락
2012~2018년	하락	상승

하면 된다. 그러나 내 집 마련은 주거 안정을 위해서 해야 한다. 아이를 위해서라도 내 집 마련은 필수다. 대출 이자가 상승하면 이자 부담이 커지고, 아파트 수요자가 줄어든다고 한다. 금리가 상승하면 과연 서울 아파트 가격도 내릴까?

〈표 3-6〉을 보면 기준 금리가 상승해도 서울 아파트 가격은 하락하지 않았음을 알 수 있다. 오히려 기준 금리가 상승하면 평균적으로 아파트 가격도 상승한다는 것을 알 수 있다. 그러면 기준 금리가 하락했을 때 아파트 가격이 떨어지는 것 아니냐고 반문하겠지만, 역시 그렇지 않았다. 기준 금리가 상승하거나 하락해도 서울 아파트 가격은 상승했다. 서울 아파트 가격은 기준 금리의 상승과 하락 여부와 상관없이 평균적으로 올라간다는 것을 알 수 있다.

2005년부터 2008년 글로벌 금융위기가 오기 전까지 경제는 좋았다. 경제 호황이 이어져 3년간 지속적으로 기준 금리를 올렸다. 기준 금리가 상승했지만 서울 아파트 가격도 같이 상승했다. 2010년부터 2011년까지 물가가 불안정하고 기준 금리가 상승했

서울 아파트를 이해할 수 있는 빅데이터

다. 이때 아파트 가격이 하락했다. 이 한 차례를 제외하고 통상적으로 아파트 가격은 금리와 상관없이 올라갔다.

기준 금리를 내리고 저금리가 지속되면 서울 아파트 가격은 상승한다. 기준 금리를 내리면 주택 담보 대출 이자 부담이 줄어든다. 이자 부담이 줄어들면, 수익형 부동산의 투자 수요가 많아진다. 월세를 받는 부동산으로 몰린다는 의미다. 또한 대출 이자 부담이 적으니 대출을 많이 받으려고 할 것이다.

저금리를 유지한다는 의미는 시장 유동성을 풀겠다는 시그널이다. 시장에 자금이 많이 풀릴수록 은행 저축보다 실물자산, 즉 부동산 시장으로 자금이 흘러간다. 시장의 자금 유동성으로 부동산 가격은 자극을 받는다. 정부에서 금리를 내리는 쪽으로 정책 노선을 변경하면 하루 빨리 주택을 구매해야 한다.

돈이 되는 서울 아파트, 지금 당장 사라

제4장

서울 아파트의
역사적 패턴

서울 아파트 가격을
잡을 수 있는 방법

역대 정부는 부동산 시장이 안정되기를 원했다. 부동산이 과열되면 인위적으로 규제를 시작했다. 그러다 부동산이 침체되면 정책도 규제에서 완화로 바뀌고, 다시 시장이 과열되면 완화에서 규제로 바뀌는 사이클이 반복되었다.

정부는 집은 '사는buy 곳'이 아니라 '사는live 곳'이라는 명확한 메시지를 부동산 시장에 던지면서 집값을 진정시키기 위한 수많은 정책을 쏟아냈다. 무엇보다 정부는 집값을 올리는 주범이 다주택자라는 인식을 갖고 있다. 다주택자들로 인해 내 집 마련을 하지 못하는 무주택자들이 피해를 보고 있다고 판단한다. 다주택자들을 투기꾼 세력으로 규정하고 집중적으로 규제에 나서는 것이다.

우선 정부는 3주택 이상의 다주택자들에게 패널티를 주어 더는 투기하지 말라는 메시지를 일관되게 던지고 있다. 다주택자들

서울 아파트의 역사적 패턴

의 세무조사를 강화하고 종합부동산세 강화, 공시지가 현실화, 3억 원 초과 전세 보증금 과세 등 각종 부동산 규제를 쏟아내고 있다. 다주택자들이 싼 가격에 집을 내놓아 무주택자들이 내 집 마련을 할 수 있게 하겠다는 것이다.

부동산을 규제하면 집값이 잡혀야 한다. 그러나 정부에서 규제를 하면 할수록 집값은 올랐다. 사실 다주택자들은 집을 팔고 싶어도 팔지 못하는 상황이다. 부동산 세금이 강화되어 팔아도 시세 차익의 절반 이상이 세금이다. 다주택자들은 보유세를 더 내면서도 오히려 집을 내놓지 않고 시장을 관망하고 있다. 정부와 다주택자들은 쫓아가면 도망가고 어디론가 숨었다가 다시 나타나는 숨바꼭질을 계속하고 있다.

고강도 규제만 있고 공급 대책이 없다

집값을 잡는다고 규제만 하니 곳곳에서 아우성을 치고 있다. 부작용이 많다는 의미다. 부동산 정책 중에는 서울 아파트에 대한 공급 대책이 없다. 다주택자들만 때려잡는다고 해서 집값은 잡히지 않는다. 규제와 동시에 아파트 공급을 늘려야 한다.

그러나 정부 정책에서는 서울 아파트 공급 대책이 빠져 있다. 서울은 아파트를 지을 수 있는 땅이 부족하기 때문에 노후 주택이나 오래된 아파트를 허물어서 새집을 건설해서 공급해야 한다. 그런데 아직 아파트 공급 대책이 없다. 오히려 아파트를 공급하지 못하도록 재개발과 재건축 규제를 하고 있다.

서울을 떠나고 싶어 하는 사람은 거의 없다. 서울은 인프라가

워낙 잘 되어 있고 일자리가 넘쳐나고 교통환경과 교육환경이 뛰어나 누구나 한강이 있는 서울, 그중에서도 강남으로 이사하고 싶어 한다. 수도권에 살고 있는 사람들도 서울로 이사하길 원한다. 서울에서 아이들을 교육시키고 싶기 때문이다. 심지어 투기꾼들도 서울의 부동산에 투기하려 한다. 그런데 정부는 집값을 잡기 위해 2018년 12월 3기 신도시에 30만 가구를 공급하겠다고 발표했다. 서울 외곽에 아파트를 공급해 서울 집값을 잡겠다는 것이 정부의 계획이다.

부동산 심리를 잘 살펴보면 흥미롭다. 정부는 무주택자가 주택을 소유할 수 있도록 최선을 다하고 있다. 투기꾼 때문에 집값이 비싸 무주택자들이 집을 못 사고 있다고 판단한다. 그러나 집값이 싸면 무주택자들은 집을 거들떠보지 않는다. 집값이 올라가지 않는데 왜 집을 사겠는가. 그냥 전세로 눌러앉아 버린다.

서울도 집값이 쌌던 시기가 있었다. 2008년 글로벌 금융위기 직후 서울과 수도권의 집값이 떨어졌다. 당시에는 강남도 떨어졌다. 최고 실거래가에 비해 40~50%가 떨어진 적도 있었다. 서울에서는 2010년부터 2015년까지가 집을 살 수 있는 기회였다. 그러나 무주택자들은 서울의 집값이 더 떨어질 것이라는 공포감에 내 집 마련을 하지 않았다.

반면 투자자들은 소액으로 전세를 끼고 아파트를 매입했다. 당시에는 현금 2,000~3,000만 원만 있어도 아파트 매입이 가능했다. 매매 가격은 떨어지는데 전세 가격이 급등해 매매 가격과 전세 가격의 차이가 없었기 때문이다. 이러한 '깡통 아파트'가 강남에서도 등장했다. 게다가 2013년 정부가 5년간 양도세 면제를 골자로 하는 부동산 완화 정책을 내놓았다. 투자자들에게는 커다란 선물이었고, 부동산 투자자들, 즉 다주택자들은 이 기회를 놓치지 않았다.

정부에서는 일관된 메시지를 지속적으로 부동산 시장에 던지고 있다. 너무 많은 부동산 규제로 인해 이제는 시장에 내성이 생겼다. 다시 말해 웬만한 규제에도 끄덕하지 않는다. 메시지를 워낙 많이 던져 아직도 던질 메시지가 남아 있을까 하는 의문이 들기도 한다.

규제를 하면 아파트 가격이 떨어질까?

〈그림 4-1〉은 역대 정부 서울 아파트 가격 상승률이다. 2003년 2월부터 2008년 2월까지 노무현 정부의 서울 아파트 가격 상승률은 56.6%다. 2017년 5월부터 2019년 11월까지는 21.7%가 상승했다. 서울 아파트 가격이 상승할 때는 공통적으로 확인되는 것이 있다. 바로 부동산 규제 정책이다. 이 두 시기는 노무현 정부와 문재인 정부에서 집값 상승을 억제하기 위해 부동산 규제를 하던 시기였다. 규제를 하면 집값이 떨어져야 하는 것이 일반적인 상식인데, 서울의 집값은 오히려 무섭게 올랐다.

서울 아파트 가격이 가장 안정되었던 시기는 이명박 정부 때였다. 2008년 2월부터 2013년 2월까지 서울 아파트 가격 상승률은 -3.2%였다. 글로벌 금융위기로 인해 서울 아파트 가격이 떨어지던 시기였다. 이후 2013년 2월부터 2017년 3월까지 박근혜 정부 때는 10.1%로 상승했다. 글로벌 금융위기 이전으로 돌아가는

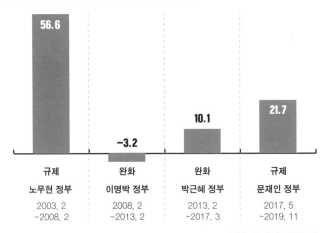

<그림 4-1> 역대 정부 서울 아파트 가격 상승률

56.6
−3.2
10.1
21.7

규제	완화	완화	규제
노무현 정부	이명박 정부	박근혜 정부	문재인 정부
2003. 2 ~2008. 2	2008. 2 ~2013. 2	2013. 2 ~2017. 3	2017. 5 ~2019. 11

단위: %, 출처: KB부동산

시기였다.

〈그림 4-1〉에서 알 수 있듯이 서울 아파트 가격이 안정된 시기는 2008년 2월부터 2017년 3월까지였다. 안정된 시기에는 공통적으로 부동산 규제가 완화되었다. 재건축 초과이익 환수제를 비롯해 재개발·재건축 관련 규제를 풀고 아파트를 공급하던 시기였다.

규제를 하면 할수록 집값이 상승한다

〈그림 4-2〉는 서울 아파트 매매 지수 추이와 부동산 규제 대책 발표에 따른 그래프 변화다. 동그라미로 표시된 부분이 정부가 발표한 부동산 규제 대책이다. 부동산 규제 대책이 발표되면 일시적으로 집값이 주춤한다. 그러나 시간이 지나면 집값이 다시 상승한다는 것을 알 수 있다.

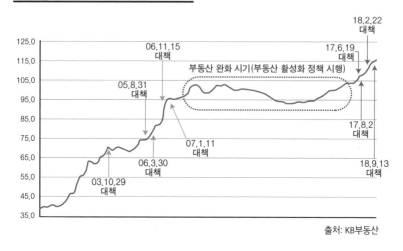

<그림 4-2> 서울 아파트 매매 지수 추이

출처: KB부동산

　여기서 알 수 있듯이 규제를 하면 할수록, 횟수가 많으면 많을수록 서울 아파트 매매 지수 그래프가 우상향으로 급격하게 올라간다. 규제를 하면 그만큼 부작용이 많다는 의미다. 규제를 가할수록 거래 절벽 현상이 이어진다. 집을 팔려고 해도 정부가 팔 수 없게 만들기 때문이다. 이처럼 부동산을 인위적으로 규제하면 서울의 집값은 상승한다.

　그렇다고 규제만 완화한다고 집값이 안정되는 것도 아니다. 김대중 정부는 IMF 시기에 경제를 살리기 위해 부동산 완화 정책을 발표했다. 모든 부동산 규제를 다 풀어버린 것이다. 그런데 이때도 서울 아파트 가격이 상승했다. 부동산 완화 정책을 실시해도 집값을 잡을 수가 없었다.

　서울의 집값이 계속 상승하면 여러 가지 문제가 발생한다. 내 집이 없는 사람들에게 상대적 박탈감을 준다. 부동산 규제로 부동산 시장에 혼란이 가중된다. 정부에서도 고민이 많을 것이다. 부동산 가격을 안정시키기 위해서는 결국 아파트를 대량으로 공급할 수밖에 없다. 아파트를 공급해야만 집값이 안정될 수 있다.

아파트 가격이 오르고 내리는
핵심 요인

서울 아파트 가격이 오르고 내리는 핵심 요인은 바로 반복되는 부동산 사이클이다. 부동산 사이클을 보면 오르고 내리기가 반복적으로 일어나고 있다(《그림 4-3》). 경제에 대한 지식이 있는 사람이라면 알 수 있다. 아파트 가격이 떨어질수록 앞으로 상승 폭이 커진다. 아파트 가격 폭등 후에 기다리는 것은 바로 가격 폭락이다. 항상 제자리에 있는 것은 없다. 오름 폭과 내림 폭, 상승과 하락이 반복되는 시장 흐름을 잘 읽어야 한다.

시장의 흐름을 잘못 읽으면 자산이 한순간에 날아가버린다. 사업도 승승장구하다가 한순간에 파산하는 경우를 많이 보았다. 우리가 알 만한 기업들 가운데서도 사라져버린 곳이 수없이 많다.

기업도 공격적으로 투자를 할 시기가 있다. 상품의 수요를 예측해 공장을 증설하고 연구 개발비를 늘리는 등 경기 흐름에 따라

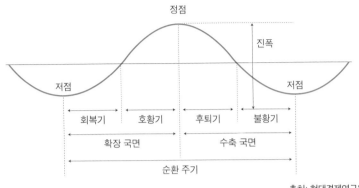

출처: 현대경제연구원

투자해야 한다. 경기가 침체될 때 기업은 살아남기 위해 투자의 규모를 줄인다. 인력을 감축하고 사내 유보금을 쌓아놓는다. 하루아침에 도산할 수 있기 때문이다.

개인도 마찬가지다. 급여를 받으면 마이너스가 되지 않도록 허리띠를 졸라맨다. 경제가 좋아지고 급여가 올라가면 한 달 생활비를 남기고 취미 생활을 하거나 여행을 간다. 이와 같이 경기 흐름에 따라 대비책을 마련해야 한다. 부동산 시장도 순환 주기마다 반복되는 흐름이 있다.

아파트 가격 폭락기

부동산 가격이 폭락하기 전에 반드시 선행되는 것은 가격 폭등이다. 가격 폭등 뒤에는 폭락이라는 언제 터질지 모르는 시한폭탄이 기다리고 있다. 모든 사람이 부동산에 뛰어들어 과열될 때에는 욕심을 버려야 한다. 뒤도 돌아보지 말고 시장에서 뛰쳐나와야 한다. 시한 폭탄이 터져버리면 폭등했던 아파트 가격이 산산조각 나버린다.

일본의 사례를 보면 부동산 가격이 3~4배 이상 폭등했다. 결국 시한폭탄이 떨어졌고 부동산은 초토화가 되었다. 그 후 일본 부동산은 20년 동안 침체기를 겪었다. 부동산에 투자한 기업과 투자자들의 자산이 물거품이 되고 말았다. 많은 사람이 엄청난 고통을 겪었고, 그것을 되돌리기에 많은 세월이 필요했다.

부동산 시장이 활활 타오르기 바로 직전, 시장에서는 수요자들이 살까 말까 망설이는 시기다. 집값이 떨어진다, 올라간다, 의견이 분분하다. 한쪽에서는 사야 한다, 또 한쪽에서는 사면 안 된다, 대립각을 세운다. 그 시기 다이너마이트가 부동산 여기저기에 심긴다. 긴가민가할 때, 다이너마이트가 결국 폭발해버린다. 아파트 가격이 걷잡을 수 없이 상승해버린다. 이때는 모두가 못 사서 안달하는 시기다. 주변에서는 분양권과 매매를 통해 돈을 많이 버는 사람이 많아진다. 집을 못 사는 사람들은 점점 더 초조해지기 시작한다.

이때까지 내 집 마련에 관심이 없던 사람들이나 부정적이던 사람들도 부동산 시장에 참여하고 있다. 이제는 부동산 시장에서 '묻지 마 투자'가 극성을 부린다. 집을 보지도 않고 계약을 한다. 지역도 모른 채 컨설팅 비용과 계약금을 넣고 기다린다. 집에 등기가 배송되어 열어 보면 집문서다. 그제야 어느 지역의 어느 아파트인지를 알게 된다.

내 집 마련 시기를 늦추던 사람들도 대출을 해서 집을 최고 높은 가격에 사버린다. 터져버린 부동산 시장은 화염이 사라지고 연기도 점점 사그라지고 있다. 부동산 투자에 경험이 많은 사람들은 다 팔아버리고 부동산 시장에서 나온다. 맨 마지막으로 부동산에 합류한 사람들만 기차를 탄다. 그러나 전력 질주하는 기차가 향하는 곳은 낭떠러지다.

시장은 예상치 못한 방향으로 흘러간다. 미분양이 생겨나기 시작한다. 미분양이 발생하면 프리미엄이 붙지 않는다. 오히려 마이너스 프리미엄이 생긴다. 자금이 충분하지 못하면 심리적으로 불안감을 느끼기 시작한다. 손해를 보고 팔려고 해도 쉽지가 않다. 미분양 아파트는 팔리지 않는다.

심지어 공급 물량이 대폭 늘어나 미분양끼리 경쟁해야 한다. 즉, 가격을 대폭 내려야 팔린다는 의미다. 잔금 납부일이 다가올수록 초조해진다. 잔금을 치르지 못하면 재산까지 압류될 수 있다. 충분한 자금이 있으면 버티면 된다. 하지만 그렇지 못하면 완전 폭락 수준 가격에 분양권을 팔 수밖에 없다. 이렇게 되면 부동산 가격이 점점 더 내려간다.

한꺼번에 많은 투자자가 몰려 예상치도 못한 아파트 입주 폭탄까지 겹친다. 전세 가격이 폭락하게 된다. 아파트 가격이 떨어져 대출도 나오지 않는다. 부동산 시장이 패닉에 빠진다. 이에 더해 1997년 IMF 외환위기와 2008년 글로벌 금융위기와 같은 외부 충격이 더해지면 극도의 공포감이 조성된다.

폭등 이후에는 외부의 충격이 없어도 폭락은 오게 된다. 이 시기의 특징은 매수자의 세상이다. 매수자가 사고 싶은 부동산을 쇼핑하듯 사는 시기가 도래하는 것이다. 백화점 세일 기간에서도 대폭 할인을 더해주는 블랙 프라이데이Black Friday 기간을 연상하면 된다.

　미분양 아파트가 넘쳐나고 거래도 되지 않고 경기는 점점 더 망가져간다. 이 시기에는 아파트 가격도 떨어지고 동시에 전세 가격도 떨어진다. 원리 원칙대로 될 수 없기 때문이다. 이때 정부는 부동산을 살리기 위해 규제 정책 노선에서 완화 정책 노선으로 수정한다. 역사적으로 부동산 규제와 완화는 반복된다. 스프링 원리와 같다. 스프링을 길게 늘였다가 더 이상 늘일 수 없으면 힘을 빼스프링을 줄여준다.

　부동산 매물이 시장에 넘쳐나 정부에서는 수급을 조절한다. 아파트 공급을 줄이고 택지 공급을 중단한다. 부동산 거래를 되살리기 위해 세금부터 완화해준다. 취득세 절반 인하, 미분양 아파트 구입 시 5년간 양도세 면제, 대출 규제 완화, 종합부동산세 완화 등을 해준다. 정부의 적극적인 부동산 활성화 정책에도 침체기는 3~4년간 계속된다.

폭락기 이후 안정기

부동산 가격 하락이 진정된 후 잠자고 있던 전세 가격이 꿈틀거리기 시작한다. 투자자들은 이 시기에 아파트에 투자한다. 더는 집을 사면 안 된다는 인식이 널리 퍼진 상태다. 뉴스와 신문 등 언론에서도 부정적인 기사를 내고 있다. 미분양이 넘쳐나고 극히 일부를 제외하고 아파트 공급이 거의 이루어지지 않는다. 분양하면 미분양이 되어 손실이 크기 때문에 아주 입지가 뛰어난 곳을 제외하고 건설사도 시장을 관망하면서 분양을 미룬다.

아파트 공급은 갈수록 눈에 띄게 줄어들고 전세 가격은 서서히 오른다. 공급이 제대로 이루어지지 않는데다 사람들이 집을 사기보다 전세를 원하기 때문이다. 전세 수요는 점점 늘어난다. 기존 임차인도 전세 만기가 되면 전세금을 더 주고 계속 살고 싶어 한다. 이 시기 매매 가격은 보합세를 유지하고 전세 가격은 계속 상승해 매매 가격에 근접한다.

안정기 이후 상승기

안정기가 지나면 매매 가격과 전세 가격이 동시에 오르는 현상이 나타난다. 이 시기에는 갭 투자자들이 시장에 뛰어든다. 사람들이 갭 투자자들이 아파트 가격을 끌어올린다고 말하지만 사실은 그렇지 않다. 그들은 위험을 안고 투자한다. 갭 투자자들이 중개업소에 나와 있는 물건들 중에서 급매 혹은 저렴한 물건을 전세를 끼고 투자한다.

미분양 아파트의 잔금을 치를 시기가 다가오고 있는데 팔리지도 않는 아파트를 누군가 매물로 받아주니 얼마나 고마운 일인가? 갭 투자자들은 시장에서 순기능을 한다. 전세를 끼고 투자해 부족한 전세를 공급해준다. 그러나 분위기를 역전하기란 쉽지 않다. 그런데 왜 매매 가격이 상승했을까? 그것은 전세 가격이 매매 가격을 밀어냈기 때문이다.

전세 매물이 거의 없고 귀하기 때문에 시장에 전세 매물이 나오면 집도 보지 않고 높은 가격에 계약해버린다. 전세 가격이 높다

서울 아파트의 역사적 패턴

보니 2년 뒤에 돌려받아야 할 전세 보증금을 받지 못하게 될까봐 불안할 수밖에 없다. 그래서 전세 보증금 반환보증 상품이 나왔다. 처음에는 집주인의 동의를 받아야 했지만, 지금은 집주인의 동의 없이 가입이 가능하다.

임대인이 피치 못할 사고를 치거나 전세금을 돌려받지 못할 상황이 되면 보험사에서 전세 보증금을 지급해준다. 또 전세 자금을 시세의 80%까지 저금리로 대출해준다. 저렴한 보험료와 금리에 사람들은 월세보다 전세를 선호할 수밖에 없다.

그런데 서민을 위한 전세 제도가 지금은 전혀 다른 방향으로 전개되고 있다. 높은 전세 보증금이 불안하지만 돈이 부족해도 전세자금 대출과 보증 보험을 믿고 쉽게 계약해버린다. 모든 안전장치가 다 갖춰져 두려울 것이 없기 때문이다. 이런 이유로 전세 가격이 급등하게 된다. 전세 가격이 폭등하고 이로 인해 서민이 힘들어하고 있다. 이런 상황이 계속되면서 거침없이 상승해버린 전세 가격은 매매 가격마저 끌어올린다.

전세 가격은 점점 오르고 있다. 전세 가격이 오르면 적은 금액으로 아파트를 매입할 수 있다. 전세난이 심각하면 전세에 가수요가 몰린다. 전세 가수요는 아직 전세 계약 기간이 남아 있지만, 미리 전셋집을 구하러 다니는 수요자를 말한다. 집을 못 구하면 어떡하나 하는 불안한 마음에 일찍부터 구하러 다닌다. 전세 수요자가 많아 갭 투자자들은 전세금을 올리기 좋은 상황이다.

많은 사람이 임대인을 전세금을 올리는 주범이라고 생각한다. 그러나 임대인도 불안한 마음은 똑같다. 대부분 임대인은 전세금이 은행 통장에 있지 않다. 전세금으로 집을 구매하기 때문이다. 전세 만료 시점이 도래하면 세입자에게 전세금을 돌려주어야 한다. 이 기간에 새로운 세입자를 구하지 못하면 곤란한 상황에 처하게 된다. 높은 전세금을 받아서 당장은 좋지만, 2년 후 부동산 경기 여건에 따라 위험한 상황에 처할 수 있다.

물론 요즘은 전세 보증금 반환보증 상품 때문에 세입자와 전세금 반환에 관한 분쟁은 드물다. 그러나 보험사와의 문제는 남아 있다. 보험사는 세입자에게 전세 보증금을 먼저 내어주고 임대인에게 지급 명령 신청을 한다. 이때 전세 보증금의 통상 5%를 매월 이자로 받는다. 보험사는 임대인에게서 이자를 받으면서 몇 개월 정도는 기다려준다. 그러다 전세 보증금을 회수하지 못하면 법원에 경매 신청을 하게 된다.

이처럼 집주인도 심각한 위험을 감수해야 한다. 그렇다고 전세 제도를 없앨 수야 없지 않겠는가? 민간 임대 시장에서는 임대인의 역할이 큰 만큼 사회적 인식 변화가 있어야 한다.

상승기 이후 폭등기

얼마 전 7억 원에 거래되던 매물이 시장에서 싹 사라졌다. 귀한 매물이 하나 나왔고, 7억 5,000만 원에 계약되었다. 순식간에 5,000만 원이 올라버린 것이다. 그러나 다른 중개업소에서 매도인에게 연락을 해온다. 8억 원에 사겠다는 손님이 있다는 것이다. 이런 상황에서 위약금을 물어주어도 이익이기 때문에 계약을 파기한다. 결국 8억 5,000만 원에 계약되었다. 이것이 폭등기의 시작이다.

눈앞에서 집값이 오르는 걸 직접 볼 수 있게 된다. 집을 사서 돈을 벌었다는 사람들의 이야기가 심심치 않게 들려온다. 상승 안정기를 거치면서 집값 상승이 전반적으로 퍼지기 때문이다. 상승 안정기에 투자한 투자자들은 시세 차익으로 돈을 번다. 투자의 무용담을 늘어놓고, 주변 사람들에게 투자 물건을 소개해 돈을 벌기도 한다.

이런 상황이 지속되면 이제 대부분의 사람들이 아파트가 더는 떨어지지 않으리라 확신하게 된다. 아파트로 돈을 벌겠구나 생각한다. 많은 사람이 부동산에 관심을 갖고 투자하기 시작한다. 부동산이 점점 과열된다. 이쯤 되면 정부는 완화 정책에서 규제 정책으로 노선을 변경해버린다. 부동산 규제책은 강력하다.

이 시기 다음에는 다시 폭락이 기다리고 있다. 폭등 후에 반드시 폭락이 찾아온다. 폭등기에는 '묻지 마 투자'가 극성을 부린다. 부동산이 과열될 때 건설사는 어김없이 앞다퉈 분양에 나선다. 높은 분양가에도 완판이 된다. 건설사는 계속 분양 물량을 늘린다.

폭락과 폭등은 반복적으로 발생한다. 폭락기, 하락기, 안정기, 상승기, 폭등기 이런 식으로 진행된다. 주변에서 돈을 벌었다는 이야기는 지금은 도움이 안 된다. 많은 사람에게 알려지고 과열될 때에는 빠져나와야 한다. 주식 격언에 '개미가 주식을 사면 상투다'라는 이런 말이 있다. 모든 사람과 똑같은 방향으로 나아가서는 안 된다.

돈은 벌기는 쉬워도 지키기는 어렵다. 어렵게 모은 돈을 투자해 많은 돈을 벌었지만, 시장 흐름을 무시한 채 버티다가 결국에는 많은 손해를 본다. 시장을 객관적으로 분석할 줄 알아야 한다. 그래서 관심을 갖고 공부하는 것이다. 누구도 밥을 떠서 먹여주지 않는다. 누군가에게 의지하려고 하지 마라.

현재 서울 아파트는 상승기를 맞이해 조만간에 폭등기에 진입할 것이다. 공급 부족과 각종 규제 정책의 부작용으로 상승하고 있다. 2008년 글로벌 금융위기 이후를 보면 서울 아파트 가격은 현재와 같이 그리 많이 상승한 것은 아니다. 주기를 10년을 놓고 보면 그동안 서울 아파트 가격은 보합과 하락, 약간 상승 등 물가 상승률보다 올랐다.

서울 아파트 가격은 앞으로가 걱정이다. 폭등기에서 폭락기로 가는 과정에는 공급 물량이 대폭 올라가는 구간이 있어야 한다. 그러나 그런 것이 없다. 정부가 부동산 정책을 변경해 아파트를 과도하게 공급하면 폭등 후 폭락을 앞당길 수 있겠지만, 그럴 가능성이 보이지 않는다.

시간이 좀더 지나봐야 알겠지만, 다양한 자료를 통해 분석해보면 대세 상승기는 오랫동안 갈 것으로 보인다. 공급이 없는 것이 가장 문제다. 일시적으로 외부 충격이 가해져 와도 가격 지수가 주춤하다가 다시 뛰어오를 수 있기 때문이다. 매년 우리나라 고소득자 수가 늘고 있는데, 소득이 높을수록 서울에 살고 싶어 한다. 잠재된 수요가 어마어마하기 때문에 우리나라 부동산 역사상 최고의 대세 상승기는 오래갈 것이다. 가격 폭도 클 것으로 본다.

서울 아파트를 현재 사이클에 대입해보면, 2008~2011년은 폭락기, 2012~2015년은 폭락 이후 하락 안정기, 2016~2020년은 하락 안정기 이후 상승기, 2021~2023년은 상승기 이후 폭등기다. 항상 우리는 미래에 대비해야 한다. 눈을 크게 뜨고 어떻게 변화하는지 관심 있게 지켜봐야 한다.

폭락을 대비하기 위해서는 적당한 시기에 빠져나와야 한다. 적당한 가격에 매도하는 것이다. 조금 더 보유한 후 판다면 후회를 한다. 가격 최고점 꼭대기에서 파는 것은 어렵다. 2007년에 더 오를 것이라 생각하고 보유하고 버티다가 2008년 글로벌 금융위기가 터져 가격이 폭락해 많은 사람이 어려움을 겪었다.

분양가 상한제가
아파트 가격을 잡지 못하는 이유

분양가 상한제(공동주택의 분양 가격을 산정할 때 일정한 건축비에 택지비를 더해 분양가를 산정하게 하고, 그 가격 이하로 분양하게 하는 제도)를 실시하면 과연 아파트 가격이 잡힐까? 잡지 못할 확률이 크다. 분양가가 비싸기 때문에 무주택자들이 집을 못 산다는 시각에는 전적으로 동의한다. 서울 아파트 분양가는 일반 사람들이 접근하기란 쉽지 않다. 그러나 분양가 상한제를 실시하면 장점과 동시에 부작용이 생긴다. 분양가를 통제한다면 시장은 많은 혼란을 겪을 수 있다.

상품 가격이 비싸므로 가격을 낮추라고 기업을 규제한다. 기업은 상품 가격을 낮추기 위해 원가를 절감한다. 다양한 방법을 연구해 조금 싼 가격에 상품을 공급하려고 한다. 그런데 제대로 해서 가격을 낮추라고 법까지 만들어 압박을 가해온다.

기업은 이익을 추구하는 집단이다. 제품을 개발하기까지 수

많은 노력과 위험을 안고 연구 개발에 투자했다. 성과도 나타나고 있다. 가격이 비싸 보이지만, 품질이 좋고 내구성이 뛰어나 소비자들에게 만족감을 준다.

그런데 상품 가격을 인위적으로 규제하는 정책이 나오면 기업은 어떻게 하겠는가? 가격은 규제 정책대로 낮추겠지만, 제품에 들어가는 원재료는 국내산을 쓰지 않고 값싼 중국산 원료를 사용한다. 겉보기에는 똑같은 제품이지만 품질이 낮아진다. 그마저도 상품을 생산할 수가 없다. 왜냐하면 손해 보는 구조다. 손해를 보면서 생산할 수는 없다.

분양가 상한제가 하루아침에 생긴 건 아니다. 분양가 상한제가 우리나라에서 처음 도입된 것은 1977년이다. 40여 년간 경제여건에 따라 분양가 상한제를 시행했다가 없애기를 반복했다.

분양가 상한제의 장점과 단점

분양가 상한제의 장점은 ① 분양가 상승을 견제하는 안정 장치로 아파트 분양가가 안정된다, ② 주변 아파트 시세보다 싸게 공급해 실수요자에게 제공한다. 이는 무주택자에게 내 집 마련의 기회를 준다, ③ 합리적인 분양가 측정으로 안전한 거래 질서를 확립한다.

반면, 분양가 상한제의 단점은 ① 분양가와 주변 아파트 시세의 차이가 커서 투기 수요가 몰린다, ② 정비 사업에서 재건축과 재개발 등 사업성이 낮아진다, ③ 분양 시장의 급격한 침체로 아파트 물량이 감소한다, ④ 건축 비용을 줄이기 위해 건축 자재의 품질이 낮아져 아파트 품질이 저하된다.

<표 4-1> 분양가 상한제 변천사

시기	분양가 상한제 적용
1989년	분양 원가 연동제를 도입해 공공 택지를 공급 받아 건설
1999년	외환위기로 주택 경기를 살리고자 분양가 전면 자율화
2005년	분양가 상승과 과열로 인해 공공 택지에 분양가 상한제 시행
2007년	민간 택지에도 분양가 상한제 시행
2010년	분양가 상한제 축소(지방 민간 택지 등 적용 제외)
2015년	민간 택지 분양가 상한제 조건부 실시
2017년	분양가 상한제 확대(사실상 부활)

출처: 국토교통부

건설사는 아파트 분양가를 부풀려서 정했을까? 아파트를 분양할 때 건설사가 도산하거나 예상치 못한 문제로 공사가 진행되지 않을 때 주택도시보증공사HUG가 대신 책임을 진다. 건설사의 선분양에 HUG의 보증서가 없으면 분양을 못 한다. 분양가 적정 여부를 HUG에서 검토해 선분양을 허락하고 있다. 또한 새 아파트를 분양할 때는 일반적으로 비싸게 분양한다. 분양가가 비싸도 미래 가치를 따져보았을 때 적정하다 싶으면 분양을 받는다. 그렇지 않으면 분양을 받지 않는다. 시장은 정직하게 돌아간다.

서울의 재건축과 재개발의 내부 사정을 들여다볼 필요가 있다. 노후 주택과 아파트를 가진 사람들이 모여 조합을 설립한다. 여러 집을 합쳐서 신규 아파트를 개발하기 위해 만드는 조합이다. 사업을 진행하기 위해서는 여러 단계를 거친다. 최종 승인까지 떨어지면 이주를 하고 건물을 철거한다. 이주비와 철거비가 들어간

서울 아파트의 역사적 패턴

다. 신규 아파트를 건축하려면 각종 공사비가 들어간다. 조합원들은 신규 아파트를 한 채씩 나눠 갖고 남는 집들을 팔아 각종 공사비를 충당한다.

그런데 분양가 상한제가 적용되어 10억 원에 분양할 아파트를 7억 원에 분양한다면 그 손해는 고스란히 조합원들에게 돌아가는 것이다. 헌집을 주고 신규 아파트로 바꾸려고 비용을 나눠서 부담하는 것인데, 상한제 금액만큼 조합원들이 손해 보는 구조로 변해버린다. 이것이 분양가 상한제의 핵심적인 문제점이다.

조합원으로서는 당연히 공사비, 즉 시공 분담금을 적게 내고 싶어 한다. 그래서 시행사와 시공사는 조합원들의 부담을 줄이기 위해 노력한다. 분담금이 많으면 사업 진행 자체가 안 된다. 조합원들에게 이익이 될 수 있도록 최대한 많은 혜택을 주려 한다. 조합원들에게 로열동 로열층을 먼저 주고 아파트에 입주할 때는 가전제품을 빌트인해준다. 사업을 원활하게 진행하려고 조합원들에게 우선적으로 혜택을 주는 것이다. 그만큼 재건축과 재개발 사업에서 조합원들의 이익은 중요하다.

조합원들이 손해를 볼 수밖에 없는 상황이라면? 사업 진행이 안 될 확률이 매우 높다. 시공비를 줄인다면? 저렴한 자재와 마감재를 사용할 것이고 건물의 품질이 낮아질 것이다. 낮은 품질의 아파트를 짓든지, 아니면 사업을 안 할 확률이 높다.

로또 분양이라는 말을 많이 들어보았을 것이다. 시세보다 싸게 분양해 추첨제를 통해 분양권을 받는다. 분양이 끝나면 주변 시세를 뛰어넘는다. 주변 시세보다 싸게 분양을 하니 분양만 받으면 수익이 확정된다. 왜냐하면 2~3년 후에 새 아파트로 태어나기 때문이다. 한마디로 시세 차익만큼은 안전하게 먹고 들어간다는 의미다.

그렇다면 로또의 주인공은 누구인가? 바로 청약을 통해 분양을 받는 무주택자들이다. 분양은 가점제와 추첨제 방식으로 이루어지고, 대부분 무주택자들에게 기회가 주어진다. 앞으로도 분양가 상한제는 계속될 것이고, 무주택자들은 분양을 기다리는 것이 현명할 것으로 본다.

기존 조합원들은 그동안 정비 사업을 위해 많은 노력을 했다. 일단 집이 너무 오래되어 불편을 감수하면서 사업을 진행했다. 층간소음, 노후 배관으로 주거환경이 열악해진다. 새 아파트를 바라보면서 버텨왔다. 새 아파트 공사가 하루 빨리 진행되기를 원하는 사람이 많다. 수많은 분쟁과 어려움으로 몇 년간 지지부진했던 사업을 정상 궤도까지 올려놓았다. 드디어 사업을 진행하려고 하는데 분양가 상한제가 시행되면 많은 고민에 빠진다.

분양가 상한제가 적용되면 시공비는 고스란히 기존 조합원들이 부담하게 된다. 분양가를 올리지 못하기 때문이다. 그러면 조합과 관계없이 일반 분양을 받은 무주택자들에게만 이익이 갈 것이고, 대다수 조합원들은 남에게 돈을 벌어주는 사업을 굳이 하려고 하지 않을 것이다.

이렇게 되면 사업이 몇 년씩 지연될 것이고 문제점이 하나둘 생길 것이다. 기존 신축 아파트는 가격이 더 올라간다. 서울에, 그중에서도 새집에 대한 수요가 너무 많기 때문이다. 또한 재건축 사

207

업 연기로 재건축 시장은 가격 조정을 받을 수 있다. 재건축과 재개발 사업이 늦어질수록 안 그래도 부족한 서울 아파트의 공급 부족 현상이 심화된다. 집값을 잡기는커녕 기존 신축 아파트의 가격이 급등할 것이다. 기존 구축 아파트마저 가격이 오른다.

분양가를 낮춰 실수요자의 부담을 줄이고 시장을 안정시키는 것이 분양가 상한제의 목적이다. 서울은 아파트 공급이 부족한 상황인데, 분양가를 누르는 정책이 시행되면 재건축과 재개발 사업은 지지부진할 것이고 기존 아파트 가격을 올리는 결과만 초래할 것이다.

돈이 되는 서울 아파트, 지금 당장 사라

역대 정부의 부동산 정책에 따른
서울 아파트 가격 변화

부동산 과열 또는 침체 양상에 따라 부동산 정책이 변화한다. 부동산 과열기에는 가격을 누르는 억제 정책을 사용한다. 반면에 부동산 침체기에는 완화 정책이 사용된다. 부동산의 호황과 불황은 반복되고 있다. 호황이 언제 찾아오는지, 불황이 언제 시작되고 마무리되는지 지켜봐야 한다. 부동산 시장의 변동 추이를 객관적으로 분석하고 공부해야 한다.

〈표 4-2〉는 노무현 정부부터 문재인 정부까지 역대 정부의 주택 정책 패턴이다. 주택 시장 변화를 보면 '호황→안정→침체→안정→과열'과 같은 패턴이 나타난다. 호황 뒤에는 반드시 침체가 따라온다. 침체 후 안정기를 거쳐서 과열된다. 주택 정책 패턴을 보면 부동산 시장이 호황일 때 억제책이 시행되고 이후는 부양책, 부양책 후에는 다시 억제책을 쓴다. 억제책과 부양책이 반복되고

<표 4-2> 역대 정부별 주택 정책 패턴

정부	주택 시장 변화 패턴	주택 정책 패턴
노무현 정부	호황	억제
이명박 정부	안정→침체	억제→부양
박근혜 정부	침체→안정	부양
문재인 정부	호황→과열	억제

출처: 한국주택금융공사

있음을 알 수 있다.

〈그림 4-4〉는 노태우 정부부터 문재인 정부까지 역대 정부의 상반기 서울 아파트 가격 상승률이다. 노태우 정부 상반기 동안 서울 아파트 가격이 무려 65.73% 상승했다. 1988년은 서울올림픽을 개최한 역사적인 해였다. 전 세계인들이 한국을 찾았다. 경제성장률도 7%에서 8%로 고속 성장하던 시기였다. 임금도 높아지고 일자리가 넘쳐났다. 1988년 서울올림픽 개최 이후 서울 아파트 가격이 급등하기 시작했다. 노태우 정부는 주택 공급을 확대했다. 민간과 공공 부문에 200만 호 건설 계획을 추진했다. 경기도 분당, 일산, 평촌, 산본, 중동 등 5대 신도시에 주택을 건설하기 시작했다.

당시 노태우 대통령은 1991년 연두 기자 회견에서 이렇게 말했다. "주택은 지난해 75만 채가 착공된 데 이어 올해 50만 채가 새로 건설될 것입니다. 새로 지어지는 집이 본격적으로 공급됨에 따라 주택 사정이 눈에 띄게 나아지고 집값이 안정될 것입니다." 그러면서 재임 기간에 주택을 무려 200만 가구 이상을 공급했다. 어마어마한 물량이었다.

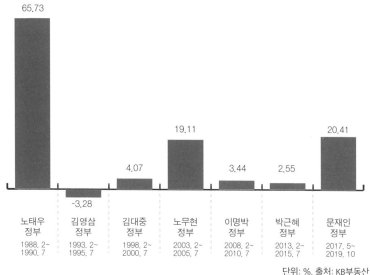

<그림 4-4> 역대 정부별 상반기 서울 아파트 가격 상승률

65.73

19.11

20.41

4.07

3.44

2.55

-3.28

노태우 정부	김영삼 정부	김대중 정부	노무현 정부	이명박 정부	박근혜 정부	문재인 정부
1988. 2~ 1990. 7	1993. 2~ 1995. 7	1998. 2~ 2000. 7	2003. 2~ 2005. 7	2008. 2~ 2010. 7	2013. 2~ 2015. 7	2017. 5~ 2019. 10

단위: %, 출처: KB부동산

　　주택이 쏟아지던 기간에는 집값이 잡히지 않았지만, 뒤이은 김영삼 정부부터 주택 공급 정책 효과가 나타나기 시작했다. 김영삼 정부 시절 상반기 서울 아파트 가격 상승률은 -3.28%였다. 우리나라 역사상 가장 집값이 안정된 시기였다. 그러나 김영삼 정부 말기, 대한민국 경제는 가라앉기 시작했다. 1997년 11월, IMF 외환위기는 우리나라의 고도성장과 부동산 불패 시대에 종말의 신호탄을 쏘아올렸다.

　　그 숙제를 고스란히 떠안았던 것은 김대중 정부였다. 하루가 멀다 하고 기업들이 도산하고 파산하는 혼란스러운 시기였다. 정부는 경제를 살리기 위해 모든 경제 규제를 풀었다. 부동산도 마찬

서울 아파트의 역사적 패턴

가지였다. 부동산을 살리기 위해 세금부터 거래까지 완화 정책을 펼쳤다. 부동산은 완전 무장 해제가 되어버린 것이다.

김대중 정부 시절 상반기 서울 아파트 가격 상승률은 4.07%였다. 경제가 살아나기 시작했다. 마이너스를 기록했던 경제성장률이 상승하기 시작했다. IMF 외환위기도 훌륭하게 극복했다. 경제가 점차 살아나 밑바닥에 있던 부동산도 살아나기 시작했다. 김대중 정부 말기에는 서울 아파트 가격이 급등하기 시작했다.

노무현 정부 시절 상반기 서울 아파트 가격 상승률은 19.11%였다. 강남 3구부터 서울 아파트 가격이 폭등하는 시기였다. 과열을 막기 위해 노무현 정부는 어느 역대 정부보다 강력하게 부동산을 규제했다. 노무현 정부는 대출 규제와 양도소득세 중과, 종합부동산세 등 일련의 부동산 규제책을 연일 쏟아냈다. 노무현 정부 말기에 글로벌 금융위기가 전 세계를 강타했다. 세계 경제는 침체기를 겪었다.

글로벌 금융위기가 터진 후 이명박 정부가 들어선다. 노무현 정부 시절 급등했던 서울과 수도권 집값이 글로벌 금융위기 이후 폭락하기 시작했다. 부동산은 다시 침체기로 빠져버렸다. 지방의 부동산은 미분양이 넘쳐났다. 이명박 정부는 침체된 부동산을 살리기 위해 완화 정책을 폈지만, 각종 규제를 풀어도 부동산 시장은 살아날 기미가 보이지 않았다. 글로벌 금융위기가 우리나라 경제에 엄청난 타격을 주었던 것이다. 글로벌 금융위기가 터진 근본적인 원인은 부동산 담보 대출이었다. 규제 없이 집값보다 더 많은 돈을 빌려주었고, 그것이 빌미가 되어 금융위기가 터져버렸다.

박근혜 정부 집권기에도 부동산 침체는 계속되었다. 부동산 완화 정책 기조 역시 그대로 이어졌다. 노무현 정부 시절 시행된 부동산 규제를 이명박 정부와 박근혜 정부에서 다 풀었다. 박근혜 정부 시절 상반기 서울 아파트 가격 상승률은 2.55%였다. 정책의 효과는 박근혜 정부 말기에 드러나기 시작했다. 2015년 바닥을 찍고 서울 아파트 가격이 꿈틀대기 시작했다. 2016년부터 2017년 초까지 수도권과 서울 아파트 가격이 상승하기 시작했다.

2017년 5월 문재인 정부가 들어선다. 문재인 정부는 이명박 정부와 박근혜 정부의 부동산 완화 정책을 규제 정책으로 전환했다. 문재인 정부 시절 상반기 서울 아파트 가격 상승률은 20.41%였다. 역대 정부 가운데 두 번째로 높다. 현재 문재인 정부는 부동산 규제 정책을 지속적으로 유지해나갈 것으로 보인다.

그렇다면 정권마다 집값은 얼마나 오르고 내렸을까? 노태우 정부에서 부동산은 호황, 정책 기조는 규제, 서울 아파트 가격은 상승, 김영삼 정부에서 부동산은 호황, 정책 기조는 완화, 서울 아파트 가격은 하락, 김대중 정부에서 부동산은 침체, 정책 기조는 완화, 서울 아파트 가격은 상승, 노무현 정부에서 부동산은 호황, 정책 기조는 규제, 서울 아파트 가격은 상승, 이명박 정부에서 부동산은 침체, 정책 기조는 완화, 서울 아파트 가격은 하락, 박근혜 정부에서 부동산은 보합, 정책 기조는 완화, 서울 아파트 가격은 상승, 문재인 정부에서 부동산은 호황, 정책 기조는 규제, 서울 아파트 가격은 상승이다.

노태우 정부부터 문재인 정부까지의 흐름에 공통점이 있다.

완화 이후에 집권을 하면 서울 아파트 가격은 초기에 상승을 했다. 대량으로 주택 공급을 하면 다음 정부는 부동산 안정기를 맞는다. 이전 정부가 부동산 완화 정책을 폈다면 새 정부는 부동산을 규제한다. 반대로 부동산을 규제했던 정부의 다음 정부는 다시 완화 정책을 편다. 호황과 불황이 반복됨을 알 수 있다.

부동산은 정책 변화 패턴과 주택 시장 흐름의 패턴을 잘 읽어야 한다. 투자에 대한 의사결정을 내릴 때 다양한 패턴을 공부해야 한다. 부동산은 정책 변화, 주택 공급 변화, 경제 흐름 등을 공부해야 한다. 인생은 선택의 연속이다. 내 생각대로만 흘러가지 않는다. 많은 자료를 토대로 분석하고 미래를 예측할 때 선택의 결과물을 얻게 된다.

부동산에서 돈을 버는 사람들은 항상 남들과 다르게 행동한다. 호황기에는 투자를 접고, 침체기에 투자한다. 경제가 무너져가고 하루가 멀다 하고 급매와 경매가 쏟아지는 시기에 위험을 안고 투자한다. 반드시 불황 뒤에는 호황이 오는 것을 알고 있기 때문이다. 그러나 이런 의사결정은 아무나 하는 것이 아니다. 수많은 실패와 경험에서 얻어지는 전략이기 때문이다.

서울의 강남 아파트
가격 변천사

대한민국의 부동산을 이야기할 때 강남이 빠질 수 없다. 대한민국에서 가장 비싸고 살기 좋은 곳이 강남이다. 현재까지 강남을 따라올 입지가 없다. 강남은 생활 시설이 다양하고 편리하다. 인프라와 일자리가 넘치는 지역이기도 한다. 교통 역시 강남을 중심으로 연결되어 있다. 전국에서 출발하는 모든 교통편이 강남으로 집중된다. 도로, 지하철, KTX, GTX 등 앞으로 건설되는 교통수단은 강남으로 집중될 것이다. 무엇보다 교육환경이 매우 우수하다. 친구 따라 강남 간다는 이야기가 있다. 강남은 전 세계적으로도 가치와 입지가 매우 뛰어난 지역이다.

강남 개발의 시초
1960년대 이후 전국 각지에서 사람들이 서울로 몰려들었다. 서울 인구가 폭발적으로 증가하는 시기였다. 그로 인해 주택난이 심화되었다. 감당하기 힘들 정도로 서울 인구 집중은 많은 부작용을 나았다.

1960년대에 대한민국의 중요 시설은 대부분 강북에 있었다. 강북 인구는 폭발적으로 늘었다. 그러나 6·25전쟁이 끝난 지 채 10년도 되지 않았고, 강북은 휴전선과 40km 거리밖에 되지 않았다. 휴전선과 근거리에 있어 안보상 문제가 많았다. 1960년대 후반, 당시 박정희 정권은 안보상의 부담을 줄이기 위해 강북에 집중되어 있는 중요 시설의 강남 이전 계획을 세우고 있었다. 1968년 후반에 김신조 일당이 침투해온 후 더욱 안보가 강조되었다. 그래서 박정희 정권은 한강 남쪽, 즉 강남으로 이전 계획을 세워 현재 강남이 개발된 것이다.

〈사진 4-1〉은 강남이 개발되기 전의 모습이다. 대부분 논밭으로 사용하고 있었다. 〈사진 4-2〉는 1978년 강남 개발 초기의 압구정동 전경이다. 압구정동 아파트 앞에서 농부가 밭을 갈고 있다. 개발 이전에 강남을 '영동永同'이라고 불렀다. '영등포 동쪽' 또는 '영등포와 성동城東 사이'라는 뜻이었다. 1970년대에 시작된 개발 계획의 정식 명칭은 '영동 개발'이었다. 즉, 강남 개발이 정식 명칭이 아니다. 정부와 서울시는 강남을 전략적이고 정책적으로 육성하기 위해 개발에 집중했다. 불과 10년 만에 강남은 완벽하게 현대 도시로 탈바꿈했다.

<사진 4-1> 1960년대의 강남 모습

<사진 4-2> 1978년 강남 개발 초기의 압구정동 전경

강북에서 강남으로 이전

강남 개발이 본격적으로 시작되었다. 대법원, 서울고등법원, 검찰청, 국정원, 한국은행 등 많은 국가 기관이 강남으로 이전했다. 그 중에서 강북에 있는 명문 고등학교가 강남으로 이전되었다. 경기고, 휘문고, 정신여고, 숙명여고, 서울고 등이 이전했다. 강남 수요층을 끌어들이는 가장 효율적인 수단으로 여겨졌다. 명문 고등학교가 이전되고 강남구와 서초구에는 강남 8학군이 형성되었다. 학원들도 강남으로 속속 몰려들었다. 우리나라는 세계 어느 나라보다 교육열이 높다. 본격적으로 강남에 아파트가 지어지고, 수요층들이 많이 들어왔다. 강남은 대형 병원, 백화점, 대기업 등이 몰려왔다.

그동안 강남 아파트는 얼마나 올랐을까?

강남 아파트는 30년 전만 해도 가격이 낮았다. 지금처럼 이렇게 우리나라에서 가장 비싼 부동산이 될지 아무도 몰랐다. 과연 30년 동안 얼마나 올랐을까?

재테크에서 복리에 대한 이야기가 많이 나온다. 복리는 이자 계산 방법의 하나로, 일정 기간 이자를 축적해 원금에 가산한다. 이것을 새로운 원금으로 계산하는 방법이다. "인류가 발견한 가장 위대한 법칙이 복리이며, 이는 세계 8대 불가사의다." 20세기 최고의 물리학자인 아인슈타인이 한 말이다.

예를 들어 복리 이자가 3%라고 가정하면 원금이 2배 되는 기간은 72/3=24년이다. 6%라고 가정하면 72/6=12년이 걸린다는 것

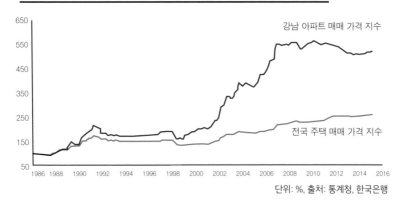

<그림 4-5> 전국 주택 매매 가격 지수와 강남 아파트 매매 가격 지수

단위: %, 출처: 통계청, 한국은행

이다. 그는 '72 법칙'을 제시했다. 72 법칙은 기간에 따라 2배가 되
는 기간을 산출해준다.

〈그림 4-5〉를 보면 강남 아파트 매매 가격은 1986년부터
2000년까지 특정 기간에 올랐다가 완만하게 유지하고 있다. 2000
년까지 15년 동안은 강남 아파트 매매 거래 지수도 전국 주택 매매
가격 지수와 공통적인 부분이 있다. 상승 그래프가 비슷하게 올라
간다는 의미다.

그러나 2000년대 이후부터 그래프가 급격하게 우상향하는
것을 알 수 있다. 시간이 지날수록 가격 차이가 벌어졌다. 부동산
은 입지에 따라 시간이 갈수록 가치가 달라진다. 부동산 전문가들
은 입지를 보고 투자하라고 조언한다. 입지는 결국 땅의 위치다.

〈표 4-3〉을 보면 1989년 3월 당시 대치동 은마아파트 $102\,m^2$
의 가격은 8,750만 원이었다. 현재 시세는 17~18억 원 한다. 무려
30년 동안 16~17억 원, 20배가 상승했다. 물가 상승률보다 훨씬

서울 아파트의 역사적 패턴

<표 4-3> 서울 아파트 가격 변천사

시기	아파트명	가격
1989년 3월	대치 은마 102㎡	8,750만 원
	대치 은마 112㎡	9,650만 원
	압구정 한양 89㎡	9,000만 원
	개포 주공 1단지 36㎡	2,500만 원
	서초 한신 1차 109㎡	9,750만 원
	잠실 주공 5단지 112㎡	9,500만 원
	목동 신시가지 2단지 89㎡	8,850만 원
1999년 3월	개포 주공 1단지 36㎡	9,750만 원
	상계 주공 4단지 85㎡	9,250만 원
	중계 그린 85㎡	8,650만 원
	창동 주공 1단지 79㎡	8,850만 원
2009년 3월	봉천동 관악캠퍼스타워 59㎡	9,750만 원
	천호동 두산위브센티움 33㎡	1억 원

출처: 부동산뱅크

높다. 압구정동 한양아파트 89㎡는 9,000만 원에 살 수 있었다. 시간이 지날수록 상승률에 따라 가격 상승폭이 커진다. 앞에서 설명한 복리를 떠올려볼 수 있다.

미래 가치를 보고 투자하거나 내 집 마련을 해야 한다. 지역 중에서도 입지가 좋은 곳에 투자하면 시간이 지나 금으로 변하기 때문이다. 잠실 롯데월드타워가 들어서고 관련 일자리가 1만 개 이상 늘어났다. 또한 강남 삼성동 현대 글로벌비즈니스센터가 지어지고 있다. 우리나라에서 가장 높은 건물이 현재 공사 중에 있다. 대기업들은 강남으로 가고 있다. 더욱 많은 일자리가 강남에

돈이 되는 서울 아파트, 지금 딩장 사라

집중될 것이다.

앞으로 강남은 어떻게 되겠는가? 지금도 가격이 너무 많이 올라 일반인들이 접근하기 어렵다. 그러나 앞으로도 더 오를 것이다. 강남의 땅값과 아파트 가격은 10년, 20년 후에도 계속 올라갈 것이다. 지금이 가장 싸다. 따라서 장기적으로 접근해야 한다. 지금 당장 값이 비싸다고 머뭇거려서는 안 된다.

강남 부동산 가격은 역사가 말해주고 있다. 강남에 부동산을 사는 것이 인플레이션 위험에서 안전하게 자산을 지킬 수 있다. 앞으로 강남은 다른 지역과의 가격 차이가 점점 더 벌어질 것으로 예상된다. 즉, 양극화가 심화될 것으로 보인다.

10년 후 강남의
대체지가 될 수 있는 곳은 어디인가?

10년 후 강남의 대체지가 될 수 있는 곳은 바로 용산이다. 용산은 20년 전부터 예상되어왔다. 1999년 2월 정부는 2000~2020년 국토종합계획을 발표했다. 그때 용산에 대해 언급한다. "용산 등 새로운 부도심 지역을 국제 수준의 첨단 업무 단지로 조성한다"는 내용이다. 국토종합계획에 관한 큰 틀은 확정되었고 세부적인 것이 현재 진행 중에 있다.

미군 기지가 순차적으로 이전하면서 용산에 미국 뉴욕에 있는 센트럴파크를 모델 삼아 대규모 공원을 건립할 예정이다. 용산공원은 서울 한복판에 생겨 도시의 허파 역할을 하게 될 것이다. 미세먼지도 분산시켜줄 것이다. 용산공원은 서울의 대표적인 관광지로 급부상할 것으로 보인다.

돈이 되는 서울 아파트, 지금 당장 사라

<그림 4-6> 서울 용산공원 예상 조감도

출처: 국토교통부

앞으로 용산은 어떻게 개발될 것인가?

용산공원 주변으로 대규모 개발이 예정되어 있다. 한남 재정비 촉진 지구, 이태원 지구 단위 계획 구역, 용산 국제 업무 지구 등 개발 계획이 무수히 많다. 용산구는 거의 모든 지역이 대규모로 개발될 예정이다. 서울의 뉴타운 중에서 한남 뉴타운이 부동산 가치가 가장 높을 것으로 예상된다. 한남 뉴타운은 한강을 바라보고 있다. 바로 옆에 용산공원이 들어서고 뒤로는 남산이 있다.

　　녹지 공간이 풍부해 서울 시민들의 휴식 공간으로 자리매김할 것으로 보인다. 서울 한복판에 녹지가 많은 지역은 없다. 강남은 사람들이 쉴 수 있는 자연 공간과 공원이 부족하다. 한남 뉴타운은 풍

서울 아파트의 역사적 패턴

부한 녹지와 용산공원, 교통 요충지 등 대한민국에서 가장 뛰어난 입지가 될 것이다. 그리고 강남을 뛰어넘을 유일한 지역이다.

서울역과 용산역 마스터플랜

용산은 향후 교통 요충지가 될 것으로 보인다. 개발 호재가 넘쳐나 수요는 많고 매물이 없다. 용산역 지하에는 KTX, GTX B노선, 지하철 4호선, 신분당선 연장선이 들어온다. 지하로 인천국제공항철도도 들어올 예정이다.

대규모 공원뿐만 아니라 한남 뉴타운, 국제 업무 지구 등 굵직한 사업이 용산에 집중되어 있다. 서울역과 용산역이 구간 지하화로 개발 중에 있다. 용산은 풍부한 녹지 공간과 공원, 한강, 남산, 여기에 역세권의 교통까지 더해 최고의 입지를 자랑할 것으로 보인다.

서울 심장부에 초대형 공원이 들어서다

"이제 용산은 미국 뉴욕의 센트럴파크와 같은 자연생태공원으로 조성될 것입니다. 수도 서울의 중심부에서 역할을 할 거대한 자연생태공원을 상상하면 가슴이 뜁니다." 2018년 8월 15일 문재인 대통령이 광복절 축사에서 용산에 대해 언급했다. 미군 기지가 있던 용산을 미국 뉴욕의 센트럴파크와 같은 자연생태공원으로 조성한다고 했다.

미국 뉴욕의 센트럴파크가 어떻게 생겨났는지 역사를 볼 필요가 있다. 1840년대 뉴욕 맨해튼은 도시화와 더불어 주거환경의

질이 떨어졌다. 빠른 산업화와 도시화로 일상에 지친 시민들은 휴식 공간이 필요했다. 우울감과 피로감을 해소하기 위해 도시 공원의 필요성에 대해 인식하기 시작했다. 뉴욕 시는 1853년 대규모 공원 부지를 사들이고, 조경가 프레더릭 로 옴스테드Frederick Law Olmsted와 건축가 칼베르 보Calvert Vaux에게 설계를 의뢰했다. 이후 많은 시행착오를 거쳐 친환경적이고 세련된 공원으로 탄생했다.

단지 대형 공원을 만들었을 뿐인데, 뉴욕은 인구가 늘어나고 기업이 몰리고 관광객들이 찾는다. 뉴욕 인구가 800만 명이며 매년 센트럴파크를 찾는 관광객은 4,000만 명으로 추산하고 있다. 인근 부동산 가격은 센트럴파크 조성 전보다 5배 이상 급등했다.

요즘 대기환경에 대한 관심이 많아지고 있다. 서울 하늘에 미세먼지가 없는 날이 많지 않아 가정마다 공기청정기가 있다. 용산공원에는 약 15만 그루의 나무를 식재할 예정이다. 그러면 연간 61만 명이 숨을 쉴 수 있는 공기를 생산하게 된다. 또 연 6t의 미세먼지 흡수 효과가 발생할 것으로 기대하고 있다. 용산은 용산공원과 더불어 남산 가운데에 있다. 도심과 자연, 공원을 중심으로 최고의 주거 환경이 될 것으로 보인다.

공원에 들어서면 스트레스 지수가 낮아진다. 공원에서 내뿜는 공기는 자라나는 아이들과 청소년들에게 심리적 안정감을 줄 것이다. 주거지 인근에 숲과 공원이 많을수록, 그 면적이 넓으면 넓을수록 좋다. 서울은 공원이 매우 부족하다. 용산공원의 희소성은 극대화될 것으로 보인다.

용산은 개발이 지속적으로 진행되고 있다. 2027년 용산공원

서울 아파트의 역사적 패턴

이 개장 예정이다. 용산역과 한강로 일대는 정비 사업이 계속 진행 중이다. 용산역을 중심으로 아모레퍼시픽을 비롯해 대기업의 신사옥이 들어오고 있다. 뉴욕 맨해튼을 모델로 삼아 초고층 빌딩숲이 생겨나고 있다. 계획대로 진행된다면 용산은 강남을 뛰어넘는 입지를 갖출 것으로 보인다. 100만 평이나 되는 용산공원이 개장한다고 한번 상상해보면 좋을 것이다.

현재 용산은 부동산 가격이 비싸다. 그러나 지금이 가장 싸다. 부동산은 미래 가치를 보고 투자해야 한다. 용산역 근처로 교통망이 들어오고, 용산공원과 한남 뉴타운과 재개발 지역에 아파트가 들어설 예정이다. 이들 아파트가 개발된다면 3.3m^2당 1억 원이 훌쩍 넘을 것으로 보인다.

서울 아파트 가격의 흐름을 알면
매매할 때를 알 수 있다

서울 아파트 가격의 역사적 흐름과 패턴을 알면 사야 할 때와 팔아야 할 때를 알 수 있다. 서울 아파트 가격이 항상 오르기만 한 것은 아니다. 국내외 경제적 충격으로 가격이 급락하기도 했다.

언론에서 부동산 폭락에 관한 기사가 쏟아져나오면 사람들은 겁에 질려 부동산을 사려 하지 않는다. 그리고 부동산 가격이 상승할 때 남들과 같이 투자한다. 하지만 남들과 같은 방향으로 가면 이미 시장은 먹을 게 없다. 먹을 것이 많은 시장은 공포감이 조성될 때다.

가격이 폭락할 때, 모든 사람이 팔 때 위험을 안고 사는 사람들이 부동산 투자에서 돈을 번다. 그들의 공통점이 있다. 많이 경험하고 과거 투자에 실패한 경험이 있는 사람들이다. 그만큼 부동산 시장에서 돈을 버는 것은 쉽지 않다.

서울 아파트의 역사적 패턴

<그림 4-7> 서울 아파트 매매 지수

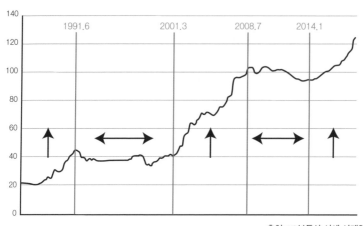

출처: KB부동산 시세 시계열

　　정부는 부동산 시장이 안정적으로 유지되기를 원한다. 부동
산이 안정되면 주거가 안정되기 때문이다. 부동산이 침체되면 가
장 먼저 건설사가 어려워진다. 건설 현장은 많은 일자리를 만들기
때문이다. 건설 현장이 생기면 지역 상권에도 활기가 돌고 각종 자
재와 장비가 동원되는 만큼 연쇄적으로 경제에 활력이 돈다.

　　〈그림 4-7〉을 보면 서울 아파트 매매 지수는 상승-하락·보
합-상승-하락·보합-상승 등의 패턴이 반복되고 있다. 상승 뒤에
는 하락이 기다리고 하락 뒤에는 반드시 상승이 따라온다. 대부분
사람들은 상승기에 투자를 하거나 내 집 마련을 한다. 상승 초기와
중기까지는 괜찮다. 하지만 남들 뒤만 따라가서는 안 된다. 투자자
가 사라질 때를 기다려야 한다. 매수 우위의 시장과 미분양, 공급
과잉 등 남들이 희망이 없다고 할 때 투자해야 한다. 실수요자들은

시기와 상관없이 내 집을 사야 한다. 여력이 될 때 과도한 대출을 피해서 내 집 마련을 하는 것이 좋다.

〈그림 4-7〉을 보면, 서울 아파트 가격은 결국에는 우상향으로 상승한다는 것을 알 수 있다. 가격이 상승한다는 것은 서울 아파트 공급이 적고 시장 유동성이 풍부하며 사람들이 선호한다는 의미다. 우리나라 경제는 계속 상승하고 있다. 다만 경제성장 상승 폭은 둔화될 것으로 보인다.

우리나라에서 서울 아파트가 가장 많이 폭등한 시기는 2001년 부터 2007년까지다. 7년간 대세 장세를 이루는 시기였다. 서울 아파트 가격이 폭등하기 전 1997년 IMF 외환위기로 인해 부동산 가격은 폭락했다. 1998년부터 2002년까지는 완화 정책을 펼치던 시기였다.

부동산은 정부 정책에 따라 투자를 달리해야 한다. 부동산을 규제하는 정부를 만나면 일단 서울 아파트 가격은 상승한다. 역사적으로 보았을 때 노태우 정부, 노무현 정부, 문재인 정부가 그랬다. 규제를 한다는 것은 과열된 것을 진정시킨다는 것이다. 규제를 해서 억누르면 다른 어딘가는 튀어오르는 곳이 생긴다.

특히 아파트를 규제하는 정부를 만나면 3~4년은 서울 아파트가 급등한다. 규제를 가해도 별 소용이 없다. 역사적으로 그랬다. 특히 집권 초기에 급등했다. 그리고 집권 말기부터는 집값 오름세가 진정된다. 상승 동력을 잃을 때쯤 외부 충격이 가해져 가격이 하락하기 시작한다.

아파트 가격이 떨어질 때는 끝이 안 보일 정도로 떨어진다. 미분양이 쌓여 건설사들이 도산한다. 이때가 정부에서 부동산을

서울 아파트의 역사적 패턴

살리기 위해 규제에서 완화로 전환하는 침체기다. 아파트는 한없이 떨어지는가 싶다가 보합세를 유지하게 된다. 이러한 사이클을 잘 봐야 한다.

이 시기 사람들은 아파트를 사봤자 떨어질 것 같아 전세로 사는 경우가 많다. 이때부터 전세 가격이 상승한다. 매매 가격은 그대로인데 전세 가격이 상승하면 이때가 매수 타이밍이다. 정부가 대출 규제를 풀고 미분양에 대해 양도세 면제라는 선물을 준다. 이때 망설이면 안 된다. 부동산 규제에서 완화로 가는 이 시기가 매수 타이밍이다. 이때 내 집 마련을 하는 것이 좋다.

부동산 완화 정책을 발표해도 사람들은 별 반응이 없다. 망설이는 것이다. 그래서 정부는 완화책을 추가로 내놓는다. 조금씩 반응이 나온다. 또다시 추가한다. 그때부터 거래량이 보이기 시작하지만 그래도 여전히 머뭇거린다. 정부에서 대출 규제를 완화하는 등 추가적인 정책을 내놓는다. 이것이 확실한 매수 타이밍이다. 내집 마련의 절호의 기회다.

건설사가 어려워지면 분양을 하지 못한다. 왜냐하면 침체기에는 분양을 해도 미분양이 발생한다. 손해를 보면서 분양할 수 없으니 분양을 무기한 연기한다. 그러다 건설 경기가 살아나 미분양이 서서히 사라지고 가격이 상승할 때 분양한다. 건설사의 어려움이 투자자나 실수요자에게는 기회인 것이다. 자금 유동성을 확보하는 것이 절실한 건설사는 미분양 아파트를 대폭 할인해서라도 판매하려고 한다.

건설사가 어렵다는 것은 분양을 안 한다는 의미다. 수요와 공급에 의해 부동산 가격은 오르고 내린다. 입주 물량이 부족하면 자연스럽게 집값이 올라가고, 물량이 남아돌면 세일도 한다. 이 시기에 적극적으로 매수해서 내 집 마련을 하는 것이 좋다.

건설사의 부도와 파산이 많을 때, 이때가 매수 타이밍이다. 그렇다고 서둘러서 부동산을 매입해서는 안 된다. 그때가 되면 부동산 시장에 매물이 널려 있다. 가격도 매수자에게 유리하게 설정할 수 있다. '싫으면 말고' 식으로 접근하면 된다. 물량은 많다. 또한 자금 사정이 어렵고 현금 흐름이 막힌 부동산은 급매로 거의 싼값에 팔아버린다.

반면에 급등기에는 매물이 없다. 매물이 없어 가격이 하루가 다르게 올라간다. 건설사와 투자자들은 반대 입장인 셈이다. 건설사가 분양을 안 하면 투자자들이 산다. 건설사가 분양을 신나게 하면 투자자들은 미분양으로 인해 손해를 본다.

우리가 잊지 말아야 할 것은 항상 부동산 흐름을 감지해야 한다는 것이다. 경기는 계속 변화한다. 아파트 시장도 변화하고 있다. 서울 아파트도 전부 다 오르는 것은 아니다. 재건축이 안 되고 30년 이상 된 아파트들은 오르지 않는다. 불편하기 때문이다. 사람들은 누구나 쾌적한 환경에서 살고 싶어 한다.

부동산이 과열되는 정권 말기에 아파트를 파는 것이 유리하다. 부동산 완화 후 집권 말기가 투자하는 순간이다. 사이클이 다 맞는다는 것은 아니다. 경제 여건과 아파트 공급 물량에 따라 다르다. 이것을 잘 가늠해보면 공통적인 공식이 있다. 빠져나와야 할 시기에 팔지 않고 버티면 엄청난 고통을 겪을 수도 있다. 매입한 가격을 회복하는 시간이 5~10년은 걸린다. 그동안 대출 이자와 각종 스트레스를 견뎌야만 한다. 욕심을 버리고 빠져나올 때 빠져나와야 한다. 사고 싶은 사람이 많으면 많을수록 좋다. 매수세가 극에 달할 때, 욕심을 버리고 적당한 가격에 팔고 나오면 된다.

부동산 완화기인 정권 말기에는 급매물을 사는 것이 좋다. 다음 정권에서 완화 기조를 유지할 확률이 높기 때문이다. 다음 정권으로 넘어가고 보합세를 유지하다가 완만하게 올라간다. 각종 부동산 규제가 더 풀릴 것이다. 이때부터 부동산 가격 바닥은 꿈틀거리며 올라가기 시작한다. 다음 정부로 넘어가면 규제를 가한다. 이때는 팔면 안 된다. 팔면 큰 손해다. 정부에서 강력한 규제책이 나와도 겁을 먹으면 안 된다. 이때부터는 반대로 행동하는 것이다.

정부도 많은 어려움이 있다. 특히 부동산은 생각대로 잘 안 된다. 부동산은 개개인이 거래를 한다. 거의 모든 재산이 부동산에 쏠려 있기 때문이다. 우리나라 사람들은 부동산을 매우 좋아하며, 부동산 규제에 대해 저항이 상당하다. 특히 세금이 가장 민감하다. 세금을 올리면 저항이 심하다. 부동산 정책은 모든 사람에게 만족을 줄 수는 없다. 정부 정책 효과는 지금 당장 나타나지 않는다. 몇 년이 지나야 효과가 나타난다.

외국 자본과
서울 아파트 가격 변동

외국 자본도 서울 아파트 가격에 영향을 미친다. 한국 부동산의 미래 가치를 보고 외국인이 서울의 아파트를 매입한다. 미래 가치가 없다면 외국 자본들은 투자를 안 한다. 외국 자본이 들어오면 서울 부동산 가격은 상승한다. 반면 외국 자금이 빠져나가면 부동산 가격은 하락한다.

　　외국인 투자자는 예전부터 제주도 부동산을 매입했다. 땅을 사고 건물을 지었다. 아름다운 제주도를 바라보면서 외국인들은 그곳의 땅을 개발해 수익을 낼 생각을 했던 것이다. 제주도는 아름다운 자연환경과 인프라가 잘 되어 있다. 공항과 교통망, 쾌적한 환경 등 외국인 투자자들에게는 아주 좋은 투자처다. 제주도는 땅값과 집값이 급등했다.

서울 아파트의 역사적 패턴

외국인의 서울 주택 매수가 늘어나고 있다

〈그림 4-8〉은 서울 주택을 매수한 외국인의 국적별 비율이다. 2015년부터 2019년 8월까지 나타난 도표다. 중국, 미국, 일본이 주택을 매입하고 있다. 중국인의 주택 매수 비율을 보면, 2015년에 32.5%에서 2019년 8월까지 61.2%로 매년 높아지고 있다. 중국인들이 서울의 부동산을 긍정적으로 바라보고 있다는 의미다. 미국인은 2015년 28.4%에서 2019년 18.8%로 비율이 줄어들고 있다. 일본은 소폭으로 유지하고 있다.

중국은 제주도부터 서울까지 돈 되는 지역에 집중적으로 부동산 투자를 하고 있다. 중국인이 부동산에 투자하는 이유는 무엇일까? 중국 부동산 제도에는 소유권 자체가 없다. 사용권만 보장해 준다. 중국인들은 땅을 소유할 수 없다. 땅을 정부에서 빌려 건물을 개발한다. 땅은 국가 소유, 건물은 개인 소유, 이렇게 보면 된다. 땅은 없어지지 않는다. 그러나 건물은 노후화되면 사람이 살 수가 없다. 보통 건물의 수명이 다 되면 헐고 다시 지어야 한다. 즉, 건물은 언젠가는 사라진다. 자식에게 물려줄 수도 없는 불완전한 재산이다. 땅은 무한하지만 건물은 유한한 자원이다.

중국 경제가 발전할수록 중국인들은 해외 부동산에 집중적으로 투자한다. 중국 정부의 부정부패 척결 분위기에 위축되어 재산을 해외로 분산시키는 것이다. 그중에서도 한국으로 많이 유입되고 있다. 국내로 흘러 들어온 위안화元貨는 중국의 통제권에서 벗어난다. 한국에 들어온 위안화는 한국은행에 통제권이 있는 한국의 자본이 된다.

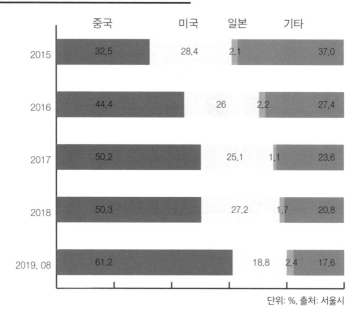

<그림 4-8> 서울시 주택 매수 국적별 비율

	중국	미국	일본	기타
2015	32.5	28.4	2.1	37.0
2016	44.4	26	2.2	27.4
2017	50.2	25.1	1.1	23.6
2018	50.3	27.2	1.7	20.8
2019. 08	61.2	18.8	2.4	17.6

단위: %, 출처: 서울시

중국인들이 부동산에 투자하는 가장 큰 이유로 높은 삶의 질을 꼽는다. 한국의 부동산은 가격도 적당하고 거래가 자유롭지만, 무엇보다 치안이 잘 되어 있고 살기 좋은 곳이라고 이야기한다. 또 부동산 투자 수익률도 다른 나라에 비해 월등히 높다고 한다.

외국인이 서울 집값을 상승시키고 있다

〈그림 4-9〉는 2015년 1월부터 2019년 9월까지 외국인이 매입한 서울 주택의 주요 구별 현황이다. 각 구별로 매수 비율을 보면 구로구가 1,327건으로 3.21%를 차지했다. 마포구(1.55%), 용산구(2.41%), 성동구(1.24%)는 외국인 매수 비율이 서울 평균치보다 높았

서울 아파트의 역사적 패턴

<그림 4-9> 서울시 주택 매매 외국인 주요 구별 매수 현황

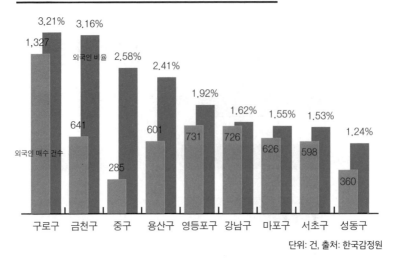

단위: 건, 출처: 한국감정원

<그림 4-10> 주택 매매 가격 상승률

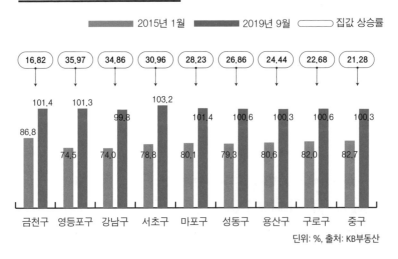

단위: %, 출처: KB부동산

돈이 되는 서울 아파트, 지금 당장 사라

다. 마포구와 용산구와 성동구는 최근 '마용성'으로 불리는 곳으로, 집값이 상승한 지역이다.

　　외국인 매수 비율이 높은 지역일수록 주택 매매 가격 상승률이 높았다. 〈그림 4-10〉을 보면 주택 매매 가격 30% 이상 상승률을 기록한 곳은 영등포구, 강남구, 서초구다. 이것을 종합적으로 볼 때 외국 자본들은 돈이 될 만한 핵심 지역에 투자한다는 것을 알 수 있다.

　　외국인 비율이 높아지는 이유는 한국 부동산에 투자할 경우 대출 규제와 부동산 규제를 적용받지 않기 때문이다. 한국인들은 현재 각종 부동산 규제를 받아 매수세가 떨어진다. 반면에 외국인은 규제를 받지 않아 투자가 자유롭다.

해외 자금이 몰려드는 서울

서울은 외국인 직접 투자액이 늘어나고 있다. 2019년 서울시의 외국인 직접 투자액은 100.83억 달러다. 서울시는 외국인 투자 유치에 적극적이다. 미국 실리콘밸리, 영국 런던 등을 찾아가 투자 설명회를 개최했다. 외국 자본을 적극적으로 끌어들이기 위해 서울시는 각종 인센티브를 제공하고 있다. 제4차 산업혁명을 기반으로 소프트웨어 개발, 성장 가능성이 높은 연구 개발 등 신사업 분야에 신규 투자를 이루어내고 있다. 외국인 투자액이 늘어나면 투자한 산업에서 많은 일자리가 창출된다.

　　〈그림 4-11〉은 사상 최대치를 기록한 서울 오피스 빌딩 거래액이다. 2018년 기준으로 11조 5,600억 원을 기록했다. 매년 오피

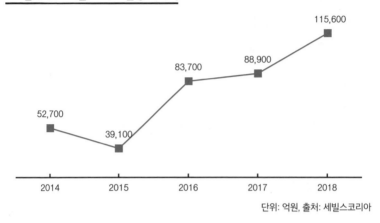

<그림 4-11> 서울 오피스 빌딩 거래액

115,600

88,900

83,700

52,700

39,100

| 2014 | 2015 | 2016 | 2017 | 2018 |

단위: 억원, 출처: 세빌스코리아

스 빌딩 거래액이 늘어나고 있다. 오피스는 기업에서 일하는 공간
이다. 오피스는 각종 연구 개발과 연구 인력, 사무 인력 등이 들어
선 건물이다. 서울의 일자리가 늘어나고 있음을 보여준다. 일자리
가 늘어나면 업무를 볼 수 있는 공간이 필요하다. 〈그림 4-12〉를
보면, 오피스 매매 지수는 2001년부터 2018년까지 꾸준히 상승하
고 있다. 해외 자금도 서울 오피스 매입을 지속적으로 하고 있다.
서울의 매력은 무엇인가? 세계가 따라올 수 없는 교통, 도로망, 인
프라, 치안과 안전망이 갖춰져 있기 때문이다.

　　외국 자본이 들어오면 여러 가지 장점이 많다. 외국 자본을
유치하거나 해외 기업들이 우리나라에 들어오면 자본 시장이 활발
해진다. 일자리가 연쇄적으로 창출되고 세수 확대가 가능하다. 내
수 경제가 알아서 돌아간다.

　　요즘 각 지자체들은 대기업이나 해외 기업을 유치하려고 혈

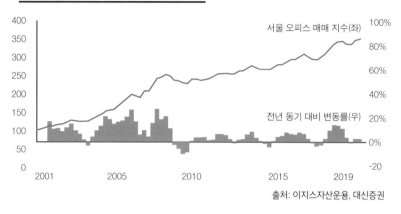

<그림 4-12> 서울 오피스 매매 지수 추이

출처: 이지스자산운용, 대신증권

안이 되어 있다. 해당 지역구 국회의원부터 지자체장들까지 나서서 적극적으로 기업을 유치하고 있다. 기업을 유치하고 나서 기업에 각종 인센티브를 제공한다. 대기업을 유치하면 지방 경제가 살아나기 때문이다. 일자리가 창출되어 인구가 늘어나고 세수가 증대된다. 주변 상권이 살고 지역 경제가 살아난다. 지역 경제가 살아나면 도로가 뚫리고 부동산 가격이 상승한다.

서울은 외국 자본이 지속적으로 흘러 들어오고 있다. 외국인이 늘어나고 서울의 주택을 매입하고 있다. 외국 자본이 늘어날수록, 해외 기업을 많이 유치할수록 서울의 부동산 가격은 상승한다.

제5장

서울 아파트를
사는 법

손품과 발품을 팔아
정보를 수집하라

내 집 마련과 부동산 투자가 늦었다고 조급해할 필요는 없다. 부동산은 늘 기회가 존재한다. 우리나라의 부동산은 셀 수 없이 많다. 누구나 소유하고 싶어 하는 부동산은 비싸다. 첫술에 배가 부르겠는가? 하나씩 단계를 밟고 올라가야 한다. 기대치가 너무 높으면 금방 포기하게 된다.

　적금을 들 때에도 1년 이상 드는 것은 피하는 것이 좋다. 단기로 3개월에 얼마씩의 목표를 세우고 도전하면 성공 확률이 높다. 정기적금을 1년 이상을 들면 힘들어진다. 3개월 이상은 넘기지 마라. 6개월도 솔직히 힘들다. 3개월이 가장 적당하다.

　부동산 정보를 수집할 때 대부분 인터넷이나 카페를 이용하는데, 유명한 사람들이 올리는 것이 많다. 하지만 그 정보가 맞는지 직접 확인하고 선택해야 한다. 얼마든지 오류가 있을 수 있기 때문이다.

인터넷에서 부동산 시세를 검색한다. 관심 지역을 유심히 살피고 시세가 얼마인지 확인해야 한다. 아파트를 선택할 때에는 그 동네에서 가장 비싼 아파트부터 역순으로 봐야 한다. 그렇게 하면 왜 랜드마크 아파트가 비싼지 눈에 들어올 것이다. 큰 목표부터 세워 실천하는 것보다 작은 것부터 시작하는 것이 좋다. 무턱대고 강남에 입성하려고만 하면 곤란하다.

적금으로 돈을 모아 아파트를 마련하기는 상당히 어렵다. 불과 몇 년 전까지는 오르지 않는 서울 아파트는 충분히 매수 가능했다. 그러나 현재 서울 아파트 가격은 너무 올라버렸다. 앞으로는 탄력을 받아 더 올라갈 것으로 보인다. 전세부터 시작해 과열이 될 것이다. 요즘 시장 금리가 아주 싸다. 금리가 낮으면 부동산 자산에 돈을 묻어놓아야 한다. 시장에 돈이 점점 더 풀릴 것이고 유동성 현금은 갈 데가 없다.

기업도 어렵고 경제 전반이 어렵다. 유동성 현금은 안전자산으로 흘러갈 확률이 높다. 즉, 금이나 달러가 안전한 부동산 자산이다. 종이 자산에 투자하는 것은 돈을 잃어버리는 지름길과 같다. 부동산 중에서도 서울 아파트가 가장 안전할 것으로 보인다. 지금 같은 혼란스러운 시기에는 부동산에 돈을 묻어놔야 한다.

항상 세상을 바라보는 눈은 열려 있어야 한다. 부동산도 결국 경제 공부다. 주식 공부보다 부동산 공부는 쉽다. 부동산은 이미 정답이 나와 있다. 정부가 5년마다 발표하는 국토종합계획이다. 대한민국 국토를 효율적으로 사용하기 위한 계획인 만큼 개발에 대한 큰 틀이 모두 담겨 있다.

　지자체장들은 국토종합계획의 지침대로 지역 개발을 한다. 변경과 수정도 5년마다 한다. 국토종합계획을 몇 번씩 읽어보고 앞으로 개발 예정지가 어디인지 세심하게 살펴볼 필요가 있다. 시기가 늦어지더라도 결국에는 개발이 이루어진다. 국토종합계획이 어떻게 진행되고 있는지 관심 있게 지켜보고 숙지해야 한다.

　요즘 인터넷 부동산 카페와 부동산 강의는 널려 있다. 강의는 돈을 지불하고 들으면 좋다. 강사는 대부분 부동산에 잔뼈가 굵은 사람들이다. 부동산 시장에 경험이 많은 사람이 단 몇 시간 안에 함축해 강의를 한다. 다양한 강의는 많이 들을수록 좋다.

　시중에 부동산 관련 책이 많다. 30권 정도 책을 구매해 읽어보길 바란다. 한 번 읽고 끝내는 것이 아니라, 2~3번 정도 정독해야 한다. 중요한 부분은 밑줄을 그어가면서 공부해보길 추천한다. 보통 부동산 책 30권 정도 읽으면 감은 잡힌다. 비슷한 내용들도 반복적으로 나온다. 새 책을 사서 밑줄을 긋고, 밑줄 그은 부분은 타이핑을 해서 정리를 해두면 유용하다. 머릿속에 쏙쏙 들어온다. 책은 되도록 새 책을 사서 봐라. 책이 상당히 도움이 될 것이다.

　어느 정도 지식을 습득한 후 관심 아파트 대상으로 먼저 손품을 팔아라. 그 지역 입주 물량이 얼마인지, 3.3m^2당 분양가가 얼마인지, 시세는 적정한지 등을 따져봐야 한다. 초·중·고교는 어디에 있는지도 확인할 필요가 있다. 중요한 부분은 형광펜이나 빨간펜으로 표시하면 좋다. 서류철을 만들어 관리하면 된다.

　그리고 현장에 나가서 임장을 해야 한다. 미리 여러 군데 중개업소에 예약을 해둔다. 현장에 나가 직접 물건을 보고 설명을 듣고 모르는 내용을 질문하면 이해가 더 빠를 것이다. 최소한 3군데 이상은 가봐야 한다. 부동산 투자는 거액이 들어가므로, 많이 알아볼수록 좋다. 자금 여력이 있다면 이제 과감히 투자하면 된다.

인터넷 블로그도 적극적으로 활용하라. 그러나 글만 쭉 읽다 보면 판단이 제대로 안 된다. 그것을 곱씹으면서 여러 번 읽어보면 상당히 도움이 될 것이다. 부동산 정보는 넘쳐난다. 그중에서 핵심이 어느 것인지 선택해서 정리해야 한다. 여러 번 반복하다 보면 가치 있는 정보를 습득할 능력이 길러진다.

경제 신문을 구독하는 것도 상당히 도움이 된다. 어렵게 생각할 필요 없다. 몇 개월간 읽어도 세상 돌아가는 흐름을 알 수 있다. 처음부터 끝까지 읽으면서 쭉 넘겨보라. 그 다음 다시 처음부터 읽어보면 이해가 빠를 것이다. 산 전체를 보고 나중에 나무를 보는 것이다. 경제 신문 읽는 것도 습관이 되어야 한다. 활자로 된 종이책이나 신문을 읽으면 스마트 기기로 읽는 것보다 훨씬 효과적이다. 신문은 정리가 아주 잘 되어 있다.

부동산 투자는 의외로 단순하다. 손품 팔고 임장하고, 좋은 물건 나오면 매입하면 된다. 처음 부동산을 사는 사람들은 어렵겠지만, 원래 처음이 어렵다. 특히 처음으로 내 집을 마련하는 사람들은 더욱 그렇다. 처음 투자가 어렵지, 일단 시작하면 전체 흐름을 알 수 있게 되고 그 다음부터는 쉽다. 부동산은 정답이 나와 있다. 공포스러운 시기가 있고 과열 시기가 있다. 사람들이 공포감을 느낄 때 투자하면 시간이 지났을 때 수익이 잘 나온다. 역사가 그것을 증명해주고 있다.

부동산은 지식만큼이나 결단이 아주 중요하다. 고민하는 순간에 물건은 하늘 위로 날아가 버린다. 자신이 생각했을 때 부동산이 싸다고 느껴지면 싼 것이다. 이리저리 재고하다가 다른 누군가에게 물건을 빼앗긴다. 공부보다 행동, 즉 실천이 아주 중요하다. 이렇게 하려면 투자를 여러 번 해봐야 한다. 시기가 좋을 때 사람들은 투자한다. 하지만 이런 때일수록 조심해야 한다. 언제 어디서 어떻게 터질지 아무도 모른다.

누구나 내 집 마련을 하고 싶어 한다. 하지만 서울에 내 집을 마련하는 것은 쉽지 않다. 서울 아파트는 계속 오를 것이다. 그래서 서울에 있는 아파트를 마련하면 좋다. 하지만 생각의 틀을 한번 바꿔서, 여유가 안 된다면 서울과 가까운 수도권 쪽으로 가면 된다. 너무 낙담할 필요는 없다. 전세보다는 내 집 마련이 훨씬 유리하다. 전세는 잠깐 동안은 괜찮지만 결혼하고 아이가 태어나는 순간 생각이 달라질 것이다.

세상에는 안전한 것이 없다. 경제도 마찬가지다. 조급해할 필요는 없다. 현재의 생활에서 최선을 다하면 된다. 누구의 눈치도 볼 필요가 없다. 자기 자신을 믿고 큰 목표의 밑그림을 그리고 매일 그것을 실천할 수 있도록 노력하면 된다. 편한 것만 찾으면 재미없다. 자신이 창조하고 개발하며 주도하는 삶이 중요하다. 누군가의 지시에 의해 움직이는 것은 인생을 수동적으로 사는 것이다.

부동산도 매일 관심을 갖고 공부하고 책도 읽고 현장으로 나가야 한다. 현장에 답이 있다. 공인중개사에게 주 2회 이상 전화하다 보면 왠지 모를 친밀감이 생길 것이다. 인간관계를 잘 만들어야 한다. 그리고 물건을 달라고 할 때 정확하게 이야기해야 한다. 예를 들어 '급매 물건 중에 가격이 싸고 층수가 좋은 것' 위주로 물건을 달라고 해봐라.

대한민국 경제는 이제 저성장으로 가고 있다. 앞으로도 성장은 하겠지만 1~2%대에 머물 것으로 보인다. 한 나라의 경제 규모에는 한계가 있다. 그렇다고 실망해서는 안 된다. 기회는 우리 주변에 널려 있다. 공부와 관심이 부족할 뿐이다. 항상 깨어 있어야 한다. 책을 가까이하고 신문을 매일 읽으며 흐름을 익혀야 한다. 시대는 계속 변한다. 영원한 것은 없다. 돈 버는 기회도 똑같다. 현재의 위치에 만족해서는 안 된다. 계속 전진하면서 뛰어나가야 한다.

수도권 아파트보다
서울 아파트를 사야 한다

자금 여력과 여건이 된다면 수도권 아파트보다는 서울 아파트를 사야 한다. 서울 아파트는 현재 상승기에 있다. 서울은 정치, 경제 등 모든 것이 집중되어 있다. 교통망부터 교육환경까지 인프라가 잘 갖춰져 있다. 서울은 땅이 부족해 땅값이 매년 상승하고 있다. 우리나라는 국토가 좁고 인구가 많다. 서울은 부자들이 많이 살고 있다. 대기업과 중견 기업이 몰려 있고, 일자리가 넘쳐난다. 서울 아파트와 수도권 아파트 매매 가격도 격차가 벌어지고 있다. 수도권 아파트보다는 서울 아파트를 사는 것이 수익률에서도 월등히 앞선다.

수도권 아파트보다 서울 아파트가 유망하다
우리나라는 국토의 70%가 산지로 이루어져 있다. 나머지 30%의 땅에 주택을 짓고 살고 있다. 안 그래도 좁은데 인구 절반 이상이 수도권에 몰려 있다. 좁은 땅에 많은 사람이 모여 산다. 전 세계에서 수도권에 인구 절반이 사는 나라는 없다. 수도권으로 몰려드는 이유가 있다. 일자리가 수도권에 있기 때문이다. 일자리를 찾아 지방에서 수도권으로 이동하고 있다.

빠른 경제성장으로 서울은 아파트와 주거 시설, 상가 등이 빽빽하게 들어서 있다. 더 이상 택지로 개발할 곳이 없다. 택지를 개발하려면 서울 외곽이나 그린벨트를 풀어야 한다. 그린벨트는 난개발을 막기 위해 정부가 지정해놓은 곳이다. 공기 질이 나빠지고 환경오염도 점점 더 심해지고 있는 요즘 서울은 시민들이 숨 쉴 공간, 즉 녹지의 필요성이 높아지고 있다. 인위적으로 공원을 조성하고 산지를 잘 관리해야 한다. 그래서 아파트 공급이 쉽지 않다.

땅이 있어야 건물을 짓는다. 경기도 지역을 보면 아직 개발할 땅이 많다. 정부가 마음만 먹으면 언제든지 집을 공급할 수 있다. 지방 또한 택지를 개발할 수 있는 땅이 많다. 정부가 발표한 3기 신도시는 대부분 서울 외곽에 있다. 주거 수요가 많은 곳은 서울이다. 사람들은 서울에 살고 싶어 한다. 정부도 많은 고심을 한 것 같다. 처음에는 서울의 그린벨트를 풀어서 집을 공급하겠다고 했다. 여론이 좋지 않았다. 서울의 그린벨트를 풀어서 집을 공급하겠다는 정책은 쉽지 않아 보인다.

서울과 수도권을 비교해보면 서울의 집값과 전세 가격이 비싸다. 경기도는 대체로 서울보다 집값이 싸다. 처음부터 서울에 들어가 내 집 마련을 하기는 어렵다. 대부분 전세나 월세로 시작해

돈이 되는 서울 아파트, 지금 당장 사라

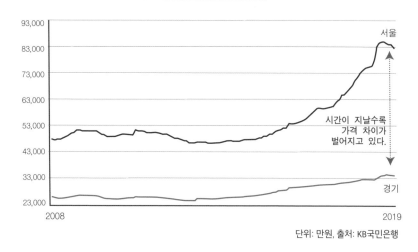

단위: 만원, 출처: KB국민은행

허리띠를 졸라매고 돈을 모아 40대가 넘어서 집을 산다. 한국에서 내 집을 마련한다는 것은 쉽지 않다. 정말 열심히 해야 살 수 있다. 매월 얼마씩 적금을 하고 목돈을 모아야 한다.

서울과 수도권의 아파트 가격 차이는 시간이 지날수록 벌어지고 있다. 서울은 미래에도 계속 발전할 것이다. 발전할 수밖에 없다. 서울과 수도권 가격 차이를 보면 알 수 있다. 20년 전에 서울과 수도권 아파트 가격을 비교해보는 것도 좋다.

서울과 경기도의 아파트 가격 차이가 벌어지고 있다

〈그림 5-1〉은 서울과 경기도의 아파트 중위 가격 추이이다. 그래프를 보면 두 선이 나란히 가다가 어느 시점에 들어서자 서울 아파트 곡선이 우상향으로 급격하게 올라간다는 것을 알 수 있다. 시간이

구분	2013년	2014년	2015년	2016년	2017년	2018년	2019년
서울	46,632	46,974	48,039	54,081	59,585	70,500	82,711
6대 광역시	17,074	18,369	19,502	22,870	23,707	24,040	24,169
차이	29,558	28,605	28,537	31,211	35,878	46,460	58,542

단위: 만원, 출처: KB국민은행

지남에 따라 서울과 경기도의 아파트 가격 차이가 커진다는 것을 알 수 있다. 서울은 수요에 비해 공급이 매우 부족하다. 반면에 경기도는 지역에 따라 공급이 많은 지역과 부족한 지역이 있다. 앞으로 서울과 경기도 집값은 점점 더 차이가 날 것이다. 그렇다면 지방은 어떨까?

서울과 6대 광역시의 아파트 가격 비교

〈표 5-1〉은 2013년부터 2019년까지 서울과 6대 광역시의 아파트 중위 가격 추이다. 2013년 2억 9,558만 원에서 2019년 5억 8,542만 원으로 그 차이가 벌어져 서울 아파트의 가격은 급등했다. 지방은 아파트 공급이 쉽다. 땅이 서울보다 많기 때문이다. 지방은 2013년부터 2019년까지 7년간 가격이 불과 7,095만 원밖에 오르지 못했다. 반면에 서울은 7년간 3억 6,079만 원이 올랐다.

2013년에 서울 어느 지역에 아파트를 매입했다면 평균적으로 3억 원 이상은 올랐다고 보면 된다. 7년간 3억 원 이상 자산 증식이 쉽겠는가? 부동산이 아니면 힘들 것이다. 부동산의 가장 큰 이점이 무엇인가? 30~40년이 지나도 아파트는 가격이 떨어지지 않는다. 오히려 상승한다. 왜냐하면 재건축을 기다리고 있기 때문이다. 마르고 닳도록 매일 사용하는데 시간이 지나면 또 새 집이 생기는, 이런 구조가 또 어디에 있겠는가?

사람들은 아파트에 관심이 많다. 삶에서 떼려야 뗄 수 없다. 아파트는 건설사가 짓는다. 이익이 나면 한국에서 돈이 돌고 돈다. 경제도 마찬가지다. 해외로 빠져나가지 않고 국내에서 돌고 돈다.

지방의 아파트보다 수도권 아파트를 사야 한다. 수도권 아파트보다는 서울 아파트를 사야 한다. 이것을 대입하면 비싼 돈을 주고 아파트를 사야 가격이 더욱 가파르게 오른다. 〈표 5-1〉을 보면, 투자를 하더라도 서울 아파트가 수익 면에서 안정적이라는 것을 알 수 있다. 서울 아파트는 처음에는 접근하기 어렵다. 한 단계씩 계단을 밟고 올라가야 한다. 목돈을 만들어 유망한 지방 아파트에 투자한 뒤 돈을 벌면 수도권 아파트에 투자해야 한다. 수도권 아파트에서 돈을 벌면 서울 아파트에 투자를 해야 한다.

예전에도 내 집 마련을 하기가 어려웠다. 옛날이나 지금이나 어렵기는 마찬가지다. 어른들은 고속 성장 시대에 살았으니 소득도 높고 내 집 마련도 쉽게 할 수 있었다. 그러나 지금은 완전 다른 세상이다. 어떻게 보면 옛날이 더 어려웠을 수도 있다. 하지만 앞 세대와 지금을 비교해서는 안 된다. 지금은 일자리가 부족해 취업이 어렵다. 공공기관이나 대기업에 들어가기가 힘들다. 좋은 일자리는 경쟁이 치열하다. 그러나 기회는 있다. 사람들이 몰려 있는 곳은 치열한 반면 없는 중소기업은 여전히 일자리가 많다.

어느 것이 옳고 그름은 없다. 자기 자신에 맞게 삶을 설계하면 된다. 부동산도 똑같다. 내 여건에 맞고 자금 사정에 맞는 아파트를 마련하는 것이다. 내 집을 마련한 후 목돈을 마련해서 집을 팔고 더 좋은 집으로 이사하는 것이다. 서울 아파트에 산다고 해서 성공한 것은 아니다. 본질은 마인드다. 행복하게 살아야 한다. 인생은 아무도 모른다. 어느 시기가 왔을 때 서울 아파트도 폭락할 수 있다. 다시 제자리로 올 수도 있다. 현재 본업에 충실하면 된다. 언제나 열린 마음으로 귀를 열고 공부해야 한다.

서울 아파트와 수도권 아파트를 비교할 때 미래 가치는 어떠할까? 서울은 각종 개발이 많다. 수도권 쪽에도 개발이 많다. 하지만 개발의 질이 다르다. 서울의 개발은 글로벌하게 진행되고 있다. 건물만 짓는 것이 아니다. 금융업, 제4차 산업, 정보 통신 기술 등 양질의 일자리를 창출할 것이다. 양질의 일자리, 즉 소득이 높은 업종이 주를 이룰 것이다.

서울 아파트 중에서도
A급 아파트가 있다

서울 아파트 중에서도 A급 아파트는 바로 랜드마크 아파트다. 그 지역에서 대표적인 아파트다. 랜드마크 아파트는 부동산 침체기에도 가격이 잘 떨어지지 않고 오를 때는 더 많이 오르는 특성이 있다. 어떤 아파트를 선택할지 모르겠다면, 그 지역에서 가장 비싼 아파트를 선택하면 된다. 쇼핑할 때 어떤 것을 선택할지 고민이 된다면, 가장 비싼 상품을 고르면 된다는 의미다.

서울 아파트 중에도 랜드마크 아파트가 있다. 랜드마크 아파트가 왜 비싼지 이유를 알아야 한다. 비싸니까 처음부터 포기하면 안 된다. 큰 뜻을 품고 목표를 세우고 한 계단씩 밟고 올라가면 된다. 입지가 좋은 아파트를 매수하는 이유는 무엇인가? 가족에게, 아이들에게 좋은 주거환경을 제공해주기 위해 열심히 일하고 있지 않는가?

수요가 넘치는 랜드마크 아파트

아파트 시세가 적정 가격인지 확인해볼 필요가 있다. 아파트 가격은 비싸지만 분양이 잘 되는 단지가 있다. 반면에 싼 것 같은데 거래가 안 되는 단지가 있다. 각 지역에 랜드마크 아파트의 시세를 비교함으로써 적정 여부를 파악할 수 있다. 각 지역에 비슷한 입지의 랜드마크 아파트 가격이 비싼지 싼지 판단할 수 있다.

랜드마크 아파트는 누구나 살고 싶어 하는 아파트다. 아파트 단지 내에 커뮤니티 시설이 있고 지상에는 조경이 잘 되어 있어 나무들도 빼곡하게 들어서 있다. 특히 어린이 놀이터는 친환경 자재로 아이들이 마음껏 놀 수 있도록 설계해놓았다.

랜드마크 아파트는 수요층이 많다. 랜드마크 아파트의 입지는 매우 뛰어나다. 역세권이어서 직장 접근성이 좋다. 아파트의 연식은 5년 이내의 단지들이다. 평지에 단지가 있고, 2,000세대 이상 대규모 단지다. 지하 주차장이 완비되어 있고 주차 대수도 넉넉하다.

교육환경도 우수하다. 명문 초등학교부터 명문 고등학교까지 있다. 주변에 대형 학원이 많다. 부대시설이 많고 상권도 발달해 있다. 인지도가 높은 아파트 브랜드가 주로 이룬다. 랜드마크 아파트가 비싼 이유가 여기에 있다.

한눈에 볼 수 있는 랜드마크 아파트

서울에는 총 25개구가 있다. 〈그림 5-2〉는 서울을 대표하는 아파트들이다. 한강을 끼고 있는 랜드마크 아파트는 다른 지역에 비해 가격이 월등히 비싸다. 한강은 경치가 아름답다. 집에서 걸어서 한

<표 5-2> 아파트 가격을 결정하는 요인

		1순위	2순위	3순위	4순위	5순위
교통 여건 (직장 접근성)	지하철역	300m 이내	500m 이내	700m 이내	1km 이내	1km 이상
	환승 여부	무환승	1회 환승	2회 환승	3회 환승	4회 환승
	소요 시간	20분 이내	40분 이내	1시간 이내	90분 이내	90분 이상
단지 여건	연식	5년 이내	10년 이내	15년 이내	20년 이내	20년 이상
	지형	평지	완만한 경사	굴곡진 지형	가파른 경사	언덕 위
	단지 조성	2,000세대 이상	1,000세대 이상	500세대 이상	200세대 이상	200세대 이하
	주차	지하 주차장 2대 이상	지하 주차장 1.5대 이상	1대 이상	0.5대 이상	0.5대 이하
생활 여건	학군	8학군	교육열 높은 곳	평범한 지역	평균 미달	슬럼 지역
	쾌적성	매우 쾌적	잘 정돈	상업 지구 인접	공업 지구 인접	비주거지
	편의 시설	각종 편의 시설 풍부·인접	20분 내 접근 가능	근린 상가 의존	상권 전무	
	유해 시설	전무	일부 유흥가	유흥가 인접	기피 시설 존재	
발전 가능성		지하철 신설	상권 개발 호재	택지 지구 개발 호재	재개발 호재	

출처 : 『돈이 없을수록 서울의 아파트를 사라』

강에 갈 수 있는 장점이 있다. 한강 공원은 끝이 없을 정도로 넓다.

아침에 일어나 한강 공원을 걷고 조깅을 한다면 얼마나 좋겠는가. 서울은 한강을 지속적으로 개발해 사람들이 쉴 수 있는 공간을 조성하고 있다. 아름다운 한강 조망권을 가진 아파트는 누구나 선호한다. 아침에 일어나 햇살이 비치는 한강을 보면 마음도 차분해지고 심적으로 많은 도움을 줄 것이다.

한강의 입지는 영원하다. 한강은 절대 없어지지 않는다. 한강

서울 아파트를 사는 법

\<그림 5-2\> 서울의 랜드마크 아파트

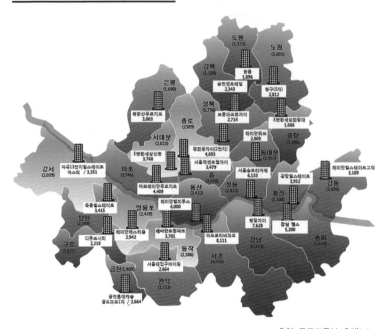

출처: 국토교통부, 호갱노노

의 풍경은 아름답다. 잔잔한 한강 너머로 높은 건물들이 서 있는 풍경을 보고 있으면 힐링이 된다. 서울 시민들은 한강을 다양한 용도로 즐기고 있다. 잘 뻗어 있는 자전거 전용도로를 달리며 시원한 바람을 맞을 수 있다. 한강 다리 밑에는 다양한 예술 작품들이 그려져 있다. 곳곳에 캠핑장도 있다.

또한 밤이 되면 한강 다리의 조명이 무척 아름답다. 그런 경치를 아파트에서 볼 수 있다고 생각해보라. 특히 여름 저녁이면 많은 사람이 더위를 피해 나들이 겸 한강을 찾는다. 한강의 장점들은 셀 수 없이 많다. 서울 한복판에 한강이 있으니 풍수학적으로도 입지가 매우 좋다.

랜드마크 아파트의 공통점이 있다. 입지가 뛰어나고 수요가 많다. 아파트 물건 자체가 귀하다. 실제로 물건이 나왔다가도 매도자가 다시 매물을 거둬들인다. 어렵게 매입한 랜드마크 아파트를 쉽사리 팔지는 못할 것이다. 분양 받을 때 치열한 경쟁을 뚫고 분양 받는다. 지금은 분양만 받으면 프리미엄은 먹고 들어간다. 그러나 과거 분양을 받고 불황기까지 겹쳐 마이너스 프리미엄에 팔면 다행인데 팔리지 않아 고생했던 사람도 많다.

랜드마크 아파트는 대단지로 이루어져 있다. 대단지 아파트의 장점은 많다. 무엇보다 관리비가 저렴하다. 규모의 경제를 따져보면 세대수가 많을수록 부담해야 할 관리비가 적게 들어간다. 여러 세대들이 모아서 부담하니 저렴하다. 대단지는 큰 땅 위에 건물을 건설한다. 각종 부대시설과 커뮤니티 시설을 고급화하고 있다. 단지 내에 초등학교나 유치원이 있어 아이들을 키우기에 적합하다.

또한 땅이 넓어 조경과 공원이 잘 조성되어 있다. 넓은 단지에 나무를 많이 심는다. 시간이 지나면 나무는 자연스럽게 성장하여 울창한 모습을 갖추게 된다. 헬스장, 골프 연습장, 도서관 등 다양한 시설들이 갖춰져 있다. 주거환경이 우수해 주민들은 생활하기에 좋다.

보안도 아주 뛰어나다. 고급스러운 문주와 더불어 출입구부터 보안 업체 직원들이 외부인의 신분을 확인한다. 외부 차량은 엄격히 통제된다. 사각지대 없이 CCTV가 설치되어 있고 전담 직원이 따로 있다. 실제로 CCTV가 있으면 범죄가 줄어든다는 연구 결

서울 아파트를 사는 법

과가 있다.

아파트는 보안 시설이 뛰어나다. 주변 도로가 넓고 사각지대가 없는 열린 공간이다. 엄마들은 아이들의 안전을 최우선으로 생각하고 좋은 아파트에 들어가려고 한다. 엄마들의 마음을 얻는 것이 아파트 가격을 형성하는 데 커다란 영향을 미친다.

랜드마크 아파트의 시세는 얼마나 될까?

〈표 5-3〉을 보면 서울 서초구 반포동에 있는 아크로리버파크는 3.3m^2당 9,170만 원이다. 60m^2 기준으로 22억 원 정도 한다. 3.3m^2당 1억 원 되는 것은 시간문제다. 아크로리버파크는 2013년 말에 분양했다. 당시 84m^2 일반 분양가는 약 13억 원(3.3m^2당 3,830만 원)이었다. 2013년 말은 서울 부동산 시장이 불황이었다. '서울 아파트 시대는 끝이 났다, 서울 아파트를 사면 떨어진다'던 시기였다. 당시 3.3m^2당 분양가가 4,000만 원에 가깝다고 했을 때 너무 비싸다는 반응이었다.

그러나 지금은 3.3m^2당 1억 원을 바라보고 있다. 랜드마크 아파트 시세가 매년 어떻게 형성되고 있는지 유심히 봐야 한다. 아크로리버파크는 최초 분양가 대비 2배 이상 올랐다. 앞으로 3.3m^2당 1억 원을 찍고 고공행진하게 될 것으로 보인다. 아크로리버파크에 대적할 수 있는 아파트는 현재 없다. 대단지에 한강을 낀 고급스런 아파트가 들어오려면 시간이 많이 소요될 것이다. 한강 주변은 땅이 없다. 재건축과 재개발밖에 방법이 없다. 한강 주변 땅의 희소성은 더욱 커질 것이다. 한강 주변에 있는 아파트들도 점점 귀해질

<표 5-3> 서울 지역구별 랜드마크 아파트

번호	구	동	최고가 단지	평(㎡)	단가 (만원)	매매가 (만원)	연식
1	서초구	반포동	아크로리버파크	24(60)	9,170	220,000	2016.08
2	강남구	청담동	청담 자이	36(89)	7,640	275,000	2011.11
3	송파구	잠실동	리센츠(주공 2단지)	13(28)	6,730	87,500	2008.08
4	용산구	이촌동	래미안 첼리투스	50(124)	6,000	300,000	2015.08
5	성동구	성수동	트리마제	12(25)	5,830	70,000	2017.05
6	마포구	아현동	마포 래미안푸르지오	24(60)	5,040	121,000	2014.09
7	종로구	홍파동	경희궁 자이(2단지)	25(60)	4,960	124,000	2017.02
8	서대문구	북아현동	e편한세상 신촌	25(60)	4,560	114,000	2016.12
9	광진구	광장동	광장 힐스테이트	25(60)	4,360	109,000	2012.02
10	중구	만리동	서울역 센트럴자이	25(60)	4,100	102,500	2017.08
11	동작구	상도동	상도 파크자이	25(60)	4,060	101,500	2016.08
12	양천구	신정동	목동 힐스테이트	23(60)	4,000	92,000	2016.02
13	영등포구	신길동	래미안에스티움	25(60)	3,800	95,000	2017.04
14	강동구	고덕동	래미안힐스테이트 고덕	24(59)	3,800	95,000	2017.02
15	강서구	마곡동	힐스테이트마스터(13단지)	25(60)	3,740	93,500	2017.04
16	동대문구	답십리동	래미안위브	25(60)	3,460	86,500	2014.08
17	성북구	보문동	보문 파크뷰자이	25(60)	3,280	82,000	2017.01
18	은평구	녹번동	북한산 푸르지오	25(60)	3,000	75,000	2015.07
19	구로구	신도림동	디큐브시티	26(60)	3,000	78,000	2011.07
20	관악구	봉천동	서울대 입구 아이원	23(60)	3,000	69,000	2006.11
21	금천구	독산동	롯데캐슬 골드파크 1차	25(60)	2,720	68,000	2016.11
22	강북구	미아동	송천 센트레빌	24(60)	2,470	59,250	2010.09
23	노원구	중계동	청구(3차)	31(85)	2,410	77,000	1995.07
24	중랑구	목동	e편한세상 화랑대	25(60)	2,140	53,500	2017.05
25	도봉구	창동	쌍용	24(60)	2,130	51,000	1997.02

출처: zip4.co.kr+

서울 아파트를 사는 법

것이다. 부동산은 한정된 자원이기 때문이다.

서울뿐만 아니라 수도권과 지방에서도 각 지역의 가장 비싼 랜드마크 아파트 위주로 보는 것을 추천한다. 가장 안전한 부동산 투자 방법은 그 지역 랜드마크 아파트를 매수하는 것이다. 랜드마크 아파트는 가격이 비싸지만, 가치가 높고 엄마들의 마음을 끌어안는 아파트다. 투자로 매수하고 싶다면 투자금이 많이 들어간다. 갭 투자로 여러 채 사는 것보다 랜드마크 아파트 1채가 더 많은 수익을 올릴 수 있다. 국내외의 경제적 충격에도 견딜 수 있기 때문이다. 안전하게 투자해야만 부동산 시장에서 살아남을 수 있다.

문재인 정부 3년 동안 22번에 걸쳐서 부동산 규제 대책이 나왔다. 여러 채가 있으면 각종 보유세와 종합소득세, 종합부동산세 등 세금 면에서도 불리하다. 3주택 이상은 정부 규제 라인에 들어간다. 간섭을 받지 않으려면 똑똑한 1~2채가 중요한 시점이다. 부동산은 흐름에 맞는 투자가 중요하다. 정부 규제 정책을 정확히 이해하고 대처해나가야 한다. 부동산 정책은 계속 변한다. 변화 속에서 변곡점을 맞이하는 순간 투자 방법을 달리하고 흐름에 맞게 투자해야 한다.

돈이 되는 서울 아파트, 지금 당장 사라

서울 아파트 구매가 늦었다고
실망할 필요는 없다

내 집을 마련하는 게 늦었다고 실망할 필요는 없다. 기회는 늘 존재한다. 마음을 조급하게 가져서는 안 된다. 나만 뒤처져 있다고 생각해서는 안 된다. 돈은 돌고 돈다. 지금 하고 있는 일에 최선을 다하면 된다. 미래에 대해 미리 걱정할 필요는 없다. 자금 여력이 있어 내 집 마련을 할 수 있는데 망설이는 사람이 아직도 많다.

돈의 종류에 따라 그 힘이 다르다. 프리랜서의 소득은 일정치가 않다. 반면에 직장인들은 매월 들어오는 돈은 일정하다. 프리랜서와 직장인의 소득을 비교했을 때 장점과 단점이 있다. 프리랜서는 어떤 달은 많이 벌고 어떤 달은 적게 벌어 늘 심리적으로 불안정하다. 반면에 직장인들은 매월 고정적인 소득이 있어 안정적으로 생활한다. 직장인들의 급여 소득은 힘이 있다.

프리랜서는 직장인보다 돈을 많이 벌어도 생활은 힘들다. 그리고 심리적으로도 늘 힘들다. 직장인들은 회사 업무에 충실하고, 매월 소득에 따라 목돈을 마련하면 된다. 생활비 쓰고 남는 돈도 얼마 없는데, 적은 돈을 저축하는데 내 집 마련을 할 수 있을까? 이런 부정적인 생각을 내려놓고 긍정의 메시지를 자신에게 계속 던져야 한다. 어떻게 하면 내 집을 마련할 수 있을까? 방법을 계속 찾아야 한다. 모르면 배워야 한다. 책이든 강의든 유튜브 채널이든, 전문가들의 식견을 들을 수 있다.

돈 버는 방법에 관한 유튜브 채널들을 꾸준히 들으면 다양한 정보를 습득할 수 있다. 책을 통해서 지식을 넓힐 수도 있다. 책은 저자의 모든 에너지와 열정으로 만들어진다. 책값도 얼마 안 된다. 도움 될 만한 책을 사서 보면 된다. 돈 없이도 부동산 투자는 가능하다. 공부하면 보인다. 성공하는 사례가 많다. 투자에는 위험성이 내재되어 있다. 그러나 손품과 발품으로 극복해야 한다. 매일 부동산을 생각하고 돈을 어떻게 늘릴지 고민해야 한다. 월급만으로 내 집을 마련하기는 사실상 쉽지 않다. 돈을 늘려나가야 한다. 이것이 재테크다. 투자처가 나타나면 여러 가지 상황에 대입해 유리한 쪽을 선택하면 된다. 부동산은 분석만 해서는 안 된다.

어떤 일이든 꾸준함이 중요하다. 꾸준함은 지루해도 끊임없이 매일 한다는 의미다. 서울 아파트로 내 집 마련을 못 했다고 꾸준함을 놓아선 안 된다. 조금씩 매일 꾸준히 한다면 그것이 쌓여 좋은 결과를 낼 수 있기 때문이다. 한번 생각해보자. 2000년 초·중반에 서울 아파트 가격이 급등한 시기가 있었다. 그때도 엄두를 못 냈다. 2008년 글로벌 금융위기가 와서 서울 아파트 가격이 하락하던 시기가 있었다. 그것이 5년 동안 지속되었다. 가격은 떨어지고 보합을 유지했던 시기였다. 그동안 전세금은 상승했지만 서울에서도 미분양 아파트가 발생한 시기였다.

매매가와 전세가 비율이 70~80%였던 적도 있었다. 조금만 돈을 더 보태면 충분히 매입할 수 있는 여건이었다. 2013~2015년은 서울 아파트 가격이 바닥을 찍고, 서울과 지방의 아파트 가격 격차가 많이 줄어들었던 시기였다. 장기간 아파트 가격이 보합 상태로 유지되었다. 내 집 마련을 할 수 있는 절호의 기회였다. 2016년부터 바닥이었던 서울 아파트 가격이 꿈틀대기 시작했다. 집값은 보합에서 치고 올라갈 때 단기간에 무섭게 올라간다.

부동산은 오르고 내리기를 반복한다. 지금 때를 놓쳤다고 절대로 실망해서는 안 된다. 준비해야 한다. 잘될 때는 주변이 보이지 않는다. 잘 안 되고 있을 때 주변이 보이기 시작한다. 순간의 선택에 천당과 지옥을 왔다 갔다 할 수 있다. 특히 서울 아파트를 두고 살지 말지 고민하는 순간이 자산을 불릴 수 있는 절호의 기회를 잡는 것인지 아닌지 지나면 알게 된다.

집은 반드시 있어야 할 필수품이다. 부동산을 20년 이상 길게 보고 내 집을 마련한 사람들은 주거 안정과 자산 증식에 상당히 도움이 되었다. 집값이 떨어질 것이라고 주장하는 전문가도 많다. 집값이 안 떨어지면 어떻게 책임을 물을 것인가?

서울 집값은 많이 올랐다. 그러나 희망은 버리지 않았으면 한다. 좋은 지역만 보고 판단해서는 안 된다. 우리나라에서 가장 집값이 높은 지역들만 봐서는 안 된다. 이것이 진짜 맞는지도 체크할 필요가 있다. 서울 인기 지역의 아파트 외에도, 자신에게 맞고 직장과 거리가 좀 있는 싼 매물이 많다. 서울 전체가 다 오른 것은 아니기 때문이다. 항상 된다는 긍정 마인드가 중요하다. 재테크도 단계별로 올라가면 된다.

이럴 때일수록 공부를 해야 한다. 내가 왜 그 당시에 잘못된 선택을 했는지 되짚을 필요가 있다. 선택을 잘못하면 기회비용이 상당하다. 그러나 실패는 다시 성공을 향하는 문이다. 사람은 살아가면서 실패를 한다. 잘못된 선택을 할 수도 있다. 마음을 다지고 공부해야 한다. 꾸준히 신문을 읽고, 책을 가까이하면 된다. 그리고 운동할 겸 임장을 다니는 것도 좋다. 휴식도 투자의 연장이다. 내공을 단단하게 다지기 위함이다. 투자자들도 잠시 쉬고 가는 것이 좋다. 너무 서두를 필요는 없다.

기회는 일상에도 존재한다. 예전보다 변화 속도가 빠르다. 변화에 적응해야 한다. 남들이 보지 못한 것을 발견할 줄 알아야 한다. 그렇다면 기회를 어떻게 찾을 것인가? 바로 관심이다. 관심은 곧 기회를 창출한다. 기회를 보고 공부하고 자료를 분석하면 기회를 잡을 수 있다. 기회는 눈앞에 왔다가 스쳐 지나간다. 눈앞의 기회를 못 잡는 이들이 너무나 많다. 왜냐하면 관심이 없거나 확신과 자신감이 없기 때문이다. 공부를 오랫동안 해보면 이것이 기회인지 분명 가늠할 수 있다. 그냥 생기는 것은 아니다. 많은 노력이 필요하다.

실패를 통해서 기회를 얻을 수 있다. 내 집 마련의 기회를 놓쳤다면 다음 기회를 기다려야 한다. 그러나 많은 고민이 될 것이다. 그 기회가 언제 올 것인지, 그것은 아무도 모른다. 관심을 갖고 공부하고 준비된 자에게만 온다. 또한 기회가 왔을 때 머뭇거려서는 안 된다. 기회는 쉽게 오지 않는다. 그러나 준비된 자에게는 기회가 오게 마련이다. 오비디우스의 명언 중에 이런 말이 있다. "도처에 기회는 있다. 낚싯대를 던져놓고 항상 준비 태세를 취하라. 없을 것 같아 보이는 곳에 언제나 고기는 있으니까."

267

서울 아파트는
최고의 노후 대비가 된다

노후 대비는 의외로 간단하다. 기술, 즉 테크닉이 필요 없다. 복잡하게 설계할 필요가 없다는 의미다. 서울 지역 내 아파트로 내 집을 마련하면 노후 대비가 된다. 서울 아파트가 노후를 안정적으로 마무리할 수 있는 수단이다. 아파트를 매입할 때 자금 여건에 따라서 담보 대출을 받는다. 전액 현금을 주고 사는 사람은 드물다. 20~30년의 세월이 흐르면 담보 대출금 상환이 끝난다. 그동안 수많은 어려움 속에서 직장 생활과 자영업 생활 등 쉽지 않은 인내를 해낸 것이다.

재테크 저자나 유명 강사, 블로거뿐만 아니라 일반인들도 노후 대비에 관심이 많다. 왜 다들 노후 대비에 관심을 가질까? 아마도 미래의 불확실성 때문일 것이다. 미래에는 인공지능에 의해 수많은 일자리가 없어진다고 한다. 제4차 산업혁명 시대에 맞지 않

돈이 되는 서울 아파트, 지금 당장 사라

는 일자리는 사라지는 반면 새로운 일자리가 생긴다. 현재 우리가 학교에서 배우는 것이 10년 뒤에는 아무짝에도 쓸모없는 지식이 될 확률이 높다.

법정 퇴직 연령은 60세까지 늘어났다. 앞으로는 65세까지 늘어날 전망이다. 하지만 정말 60세까지 다닐 수 있을까? 아마도 치열한 경쟁을 통해 누군가는 이직하거나 회사를 떠나고 극소수만이 살아남을 것이다. 그러나 미리 걱정할 필요는 없다. 방법을 찾으면 많다. 지금 당장 노후 대비를 하는 것도 필요하지만, 한치 앞을 내다보기 힘든 현실에서 오늘 하루 최선을 다해 사는 것도 중요하다. 일상에서 작은 행복을 느끼고, 매일 감사하는 마음가짐으로 살아가야 한다.

회사일 외에 은퇴 후 직업을 미리 준비해야 한다. 자기계발을 소홀히 해서는 안 된다. 현실에 편안하게 있으면 안 된다. 40대에서 50대는 아무리 바빠도 배움의 끈을 놓아서는 안 된다. 항상 열릴 마음으로 변화해야 한다. 단순하게 노후를 대비하자. 건물 임대료니 주식 배당금이니 은행 이자니, 복잡하게 생각하지 말자.

국가가 운영하는 국민연금이 있다

〈표 5-4〉는 우리나라 국민연금 급여 지급 통계다. 현재 국민연금 수급자는 4,856,159명이다. 지급액은 매월 1조 8,894억 원이다. 1인당 지급액은 평균 469,970원이다. 국민연금의 장점은 매년 물가상승률에 따라 지급액이 늘어난다는 것이다. 대략 50만 원을 사망할 때까지 연금으로 받는다. 국가가 운영하여 지급한다. 국민연

서울 아파트를 사는 법

	수급자 수	지급액	1인당 월 지급액 평균
전국	4,856,159명	1조 8,894억 원	469,970원

출처: 국민연금관리공단

금 50만 원이라는 금액은 적지만, 매월 나오는 금액이다. 노후에 상당히 도움이 된다. 꾸준히 매월 통장에 들어오는 돈이 있다는 것은 심리적으로 매우 안정감을 준다.

5년마다 대통령 선거가 치러진다. 그때마다 복지와 관련하여 많은 공약이 쏟아지고 있다. 국민의 마음을 사야 대통령 당선이 가능하다. 역대 정권별로 노인 복지 공약을 보면 복지 안전망을 촘촘히 설계하고 있음을 알 수 있다.

주택연금이 노후 대비 수단이 된다

주택연금 가입자 수는 매년 늘어나는 추세다. 〈그림 5-3〉을 보면 2007년에 515명이었는데 2018년에 6만 52명으로 급격하게 늘어났다. 앞으로 주택연금 가입자 수는 고령화로 인해 급증할 것으로 보인다. 주택연금 가입자 수가 왜 늘어날까? 주택연금은 장점이 많기 때문이다. 자녀에게 물려주는 것보다 내 실속을 챙기는 것이 좋다.

이런 말이 있다. "아들은 아버지의 집을 상속받으려고 하고, 딸은 아버지의 집을 주택연금에 가입시키려고 아버지를 모시고 은행에 간다." 주택연금에 가입하면 사망할 때까지 돈이 매월 나온다. 노후 대비에 아주 중요한 수단으로 활용되고 있다. 주거비용은

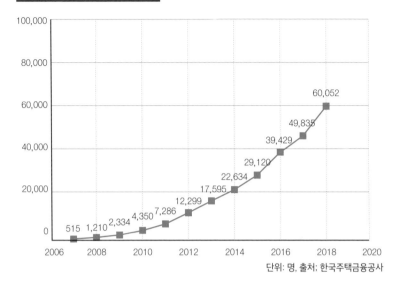

단위: 명, 출처: 한국주택금융공사

거의 들어가지 않는다. 큰 욕심을 부리지 않는 이상 주택연금은 장점이 많다.

주택연금 제도는 노후의 삶의 질을 높이기 위해 정부에서 만든 노년층을 위한 제도다. 주택을 담보로 해서 평생 연금을 받을 수 있다. 내 집에 거주하면서 안정적으로 매월 연금을 받을 수 있는 장점이 있다. 주택연금을 수령하는 평균 나이는 72세다. 평균 월 지급금은 101만 원이다. 평균 주택 가격은 대략 3억 원이다. 평균 월 지급금 101만 원을 사망할 때까지 받을 수 있다.

서울 아파트 가격이 3억 원만 되겠는가? 중위권 아파트 가격이 6~9억 원이다. 9억 원도 주택연금을 받을 수 있다. 70세에 받는다고 가정할 때 집값이 3억 원이면 매월 92만 2,000원, 6억 원이면

연령	주택 가격								
	1억원	2억원	3억원	4억원	5억원	6억원	7억원	8억원	9억원
50세	118	236	354	473	591	709	827	946	1,064
55세	154	309	463	618	772	927	1,081	1,236	1,390
60세	207	415	623	831	1,039	1,247	1,455	1,663	1,871
65세	250	501	752	1,003	1,254	1,505	1,756	2,007	2,258
70세	307	614	922	1,229	1,536	1,844	2,151	2,459	2,720
75세	383	767	1,150	1,534	1,917	2,301	2,684	2,936	2,936
80세	489	978	1,468	1,957	2,446	2,936	3,271	3,271	3,271

* 일반 주택(정액형, 2020년 2월 3일 기준)

단위: 천원, 출처: 한국주택금융공사

184만 4,000원을 받는다. 집값이 9억 원이면 272만 원을 받을 수 있다. 아무리 못 받아도 100만 원 정도는 받는다는 의미다. 주택연금과 더불어 국민연금까지 합치면 노후 자금은 충분하다. 개인적으로 연금 보험도 가입했다면 '연금 3종 세트'로 완벽하게 노후를 준비한 것이다.

가입 요건과 주택연금 지급 방식

첫째, 가입 연령에 대해 알아보자. 주택 소유자 또는 배우자가 만 60세 이상이면 가능하다. 단 이때는 근저당권 설정일이 기준이다. 여기에서 확정 기간 방식은 주택 소유자 또는 배우자가 만 60세 이상인 자 중 연소자가 만 55~74세이어야 한다. 우대 방식은 주택 소유자 또는 배우자가 만 65세 이상으로 기초연금 수급자여야 한다. 주택 소유자 또는 배우자가 대한민국 국민이면 가능하고, 외국인 혹은 부부 모두 외국인일 때는 가입이 불가능하다.

둘째, 주택 보유 수에 대해 알아보자. 부부 기준 9억 원 이하 주택 소유자 혹은 다주택자라도 합산 가격이 9억 원 이하면 가능하다. 또한 9억 원 초과 2주택자라면 3년 이내에 1주택을 팔면 가능하다. 우대 방식은 1.5억 원 미만 1주택자만 가입이 가능하다.

셋째, 대상 주택에 대해 알아보자. 일반 주택은 종신 방식·대출 상환 방식·우대 방식·확정 기간 방식 등 모두 가입이 가능하다. 노인 복지 주택은 종신 방식·대출 상환 방식·우대 방식은 가능하지만, 확정 기간 방식은 불가능하다. 복합 용도 주택은 종신 방식·대출 상환 방식·우대 방식·확정 기간 방식 등 가입이 가능하지만, 주택이 차지하는 면적이 절반 이상이어야 한다.

주택연금 지급 방식

첫째, 종신 지급 방식은 인출 한도 설정 없이 월 지급금을 종신토록 지급받는 방식이다. 둘째, 종신 혼합 방식은 인출 한도(대출 한도의 50% 이내)를 설정한 후 나머지 부분을 월 지급금으로 종신토록 지급받는 방식이다. 셋째, 확정 기간 혼합 방식은 수시 인출 한도를 설정한 후 나머지 부분을 월 지급금으로 일정 기간만 지급받는 방식이다. 단, 이때는 반드시 대출 한도의 5%에 해당하는 금액은 인출 한도로 설정해야 한다.

넷째, 대출 상환 방식은 주택 담보 대출 상환용으로 인출 한도(대출 한도의 50% 초과 90% 이내) 범위 안에서 일시에 찾아 쓰고 나머지 부분을 월 지급금으로 종신토록 지급받는 방식이다. 다섯째, 우대 방식은 주택 소유자 또는 배우자가 기초연금 수급자이고 부부 기준 1.5억 원 미만으로 1주택 보유 시 종신 방식(정액형)보다 월 지급금을 최대 약 20% 우대해 지급받는 방식이다. 여섯째, 우대 혼합 방식은 인출 한도(대출 한도의 45% 이내) 설정 후 나머지 부분을 우대받은 월 지급금으로 종신토록 지급받는 방식이다.

이것을 다시 정리하면, 부부 중 1명이 만 60세 이상, 부부 중 1명이 대한민국 국민, 부부 기준 9억 원 이하 주택 소유자, 다주택자라도 합산 가격이 9억 원 이하면 가능, 9억 원 초과 2주택자는 3년 이내 1주택을 팔면 가능하다.

노후는 단순하고 간단하게 대비하자

서울 아파트를 2020년에 매입했다면 2030년에 집값이 그대로일까? 절대 그렇지 않다. 매월 원리금을 갚는 방식은 똑같고 금액도 똑같다. 금리는 싸다. 처음에는 원금 상환이 부담된다. 그러나 10년이 지나면 원금 상환 부담감이 줄어든다. 10년이 지나면 집값도 오르고 월급도 오르고 물가도 오르지만, 원금 상환 금액 자체는 변함이 없다. 6억 원 정도 하는 아파트가 매년 물가 상승률만큼 3%씩만 올라도 연간 1,800만 원 오른다. 매년 올라가는 것은 아니지만 적어도 물가 상승률 이상은 오른다. 몇 년간 정체 후 1년 만에 20~30% 급등한 사례가 많기에 걱정 안 해도 된다.

노후 대비에 관련하여 사람들이 걱정을 많이 한다. 인생은 생각대로 잘 되지 않는다. 어떻게 보면 단순하게 사는 것이 현명할 수 있다. 나이가 들어도 평생 일을 할 수 있다면 행복하다. 일을 하면 사람은 생기가 넘치고 늙지 않는다. 밥맛도 좋아진다. 일이 없고, 집에만 있고, 하루 종일 누워 있으면 병이 난다. 노후에는 돈도 중요하지만 가장 우선시되는 것은 바로 건강이다. 건강이야말로 최고의 노후 대비 수단이다. 병들고 아프면 그것으로 끝나는 것이다. 돈은 적게 벌지만 건강하고 일을 한다면 행복한 노후를 보낼수 있다. 무조건 돈만 있다고 될 일은 아니다.

노후 대비는 건강 관리를 최우선으로 해야 한다. 우리나라에서 아무리 돈이 없다고 해도 굶어죽기는 현실적으로 쉽지 않다. 노후에 돈도 물론 중요하지만 가장 중요한 것은 배우자의 건강, 자녀들의 건강, 자녀들이 가정을 꾸리고 행복하게 사는 모습, 이것이 가장 중요하다. 건강을 잃으면 모든 것을 다 잃는다. 배우자와 건강하고 사이좋게 지내고 서로 아끼고 살면 가치 있는 삶을 보낼 수 있다. 또한 자신이 좋아하는 취미 생활을 하며, 항상 배우는 자세를 가지면 노후가 윤택해질 수 있다.

서울 아파트를 사는 법

제6장

투자할 때 반드시
알아야 할 것들

자금 조달 계획서를
작성하라

사람은 태어나서 피할 수 없는 것이 있다. 죽음과 세금이다. 국민들은 세금에 민감해 세금을 내리면 좋아한다. 반면에 세금을 올리면 국민의 저항이 심하다. 최근 아파트를 매입할 때는 '자금 조달 계획서'를 작성해야 한다. 내 집을 마련할 때 자금 출처를 명확하게 소명해야 한다. 부동산을 팔고 잔금을 받고 차익이 생긴다. 그러면 다음에 기다리고 있는 것이 바로 양도소득세다. 부동산을 처분한 후에 발생한 이익은 양도소득세로 국세청에 납부한다. 양도소득세를 내고 남은 금액이 실제 이익이다.

한층 더 강화된 자금 조달 계획서

2017년 말부터 투기 과열 지구에 주택을 마련할 때는 자금 조달 계획서를 제출해야 한다. 자금 조달 계획서 제출로 인해 놀라운 변

투자할 때 반드시 알아야 할 것들

화가 일어났다. 예전에는 실수요자인지 투자자인지 파악하기가 어려웠다. 1년이 지나야 파악이 가능했다. 지금은 실수요자와 투자자를 실시간으로 파악할 수 있다. 투자자라면 임대 보증금이 얼마인지, 전세와 월세가 바로 파악이 가능해졌다.

자금 조달 계획서는 2017년 말부터 시행해 두 차례에 걸쳐 개정되었다. 2017년 9월 26일 신설된 자금 조달 계획서는 2018년 11월 30일에 개정되었다. 자금 조달 계획서의 개정된 내용을 꼼꼼히 살펴볼 필요가 있다. 자금 출처가 명확하지 않으면 세무조사를 받을 확률이 커졌다. 자금 출처가 불명확한 실수요자와 투자자들이 앞으로 부동산을 매입할 때 신경 써야 할 부분이다.

2018년 12월 10일부터는 "투기 과열 지구 내 3억 원 이상의 주택 실거래를 신고할 때 자금 조달 및 입주 계획서에 증여·상속 금액을 기재하고, 주택 담보 대출 여부 및 기존 주택 보유를 포함하여 신고해야 한다"고 되어 있다. '주택 취득 자금 조달과 입주 계획서'의 파란색 칸이 신설된 항목이다.

〈표 6-1〉을 보면, 증여나 상속이 있는지를 적는 확인란이 추가되었다. 실제 증여나 상속을 받은 사실에 대해 국세청에 신고 여부를 확인할 수 있다. 증여세 납부 내역, 주택 담보 대출 금액을 정확히 기재해야 한다. 또한 주택을 사는 사람이 다주택자인지 파악이 가능하다. 심지어 사는 사람이 주택을 몇 채까지 소유하고 있는지 파악이 가능해졌다. 자금 조달 계획서를 소홀히 했다가 어려움에 처할 수 있다. 자금 출처 조사를 받은 사람들은 우편함의 국세청 봉투만 봐도 긴장한다고 한다.

<표 6-1> 자금 조달 계획서 신고 항목 개선

기존	개선
(자기자금) ① 예금, ② 부동산 매도액, ③ 주식·채권, ④ 보증금 승계, ⑤ 현금 등 기타	(자기자금) ① 예금, ② 주식·채권, ③ 부동산 매도액, ④ 증여·상속 등 ⑤ 현금 등 기타
(차입금 등) ① 금융기관 대출액, ② 사채, ③ 기타	(차입금 등) ① 금융기관 대출액(주담대 포함 여부, 기존 주택 보유 여부 및 건수) ② 임대 보증금, ③ 회사 지원금 및 사채, ④ 기타 차입금

출처:국토교통부

한층 더 강화된 자금 조달 계획서 제출 대상 지역

2020년 3월 9일 국토교통부에서 "자금 조달 계획서 제출 대상 지역 확대 등을 주요 내용으로 하는 부동산 거래 신고 등에 관한 법률 시행령 일부 개정안이 국무회의를 통과함에 따라 오는 3월 13일부터 본격 시행될 예정"이라고 밝혔다. 기존 투기 과열 지구 내 3억 원 이상의 주택 실거래를 신고할 때 자금 조달 계획서와 입주 계획서를 제출했다.

개정 후에는 "조정 대상 지역 3억 원 및 비非규제 지역 6억 원 이상의 주택 거래 신고 시 자금 조달 계획서 제출이 의무화"되었다. 국토교통부에서는 자금 조달의 투명성을 강화하고, 과열 우려가 있는 지역을 중심으로 이상 거래와 불법 행위에 대한 점검을 강화하기 위해 자금 조달 계획서 제출 대상 지역을 확대했다.

자금 조달 계획서에 자금 소명을 하려면 소득에 대해 국세청

투자할 때 반드시 알아야 할 것들

홈페이지에서 급여 명세서를 떼고, 은행에서 담보 증명서를 발급받아야 한다. 정부가 시행하고 있는 자금 출처 계획서에 대한 반발이 심하지만, 다른 한편으로 생각하면 우리나라도 투명해지고 있음을 알 수 있다. 금융실명제, 부동산 실거래가 신고 등 자금 흐름에 대한 투명성이 좋아지고 있다.

앞으로 내 집을 마련하거나 투자할 때 자금 출처를 명확하게 소명해야 한다. 부모라면 자녀들에게 전세금이라도 보태주고 싶은 마음은 똑같다. 하지만 전세금을 무턱대고 지원하면 국세청은 통지서를 보낸다. 전세금을 어떻게 마련했는지에 관한 자금 출처 소명서를 제출하라고 한다. 국세청은 특히 고가의 전세금에 대해 파악하고 있다. 전세금에 대출금이 얼마나 있는지 알 수 있다. 국세청의 레이더망은 진화하고 있다. 시스템이 잘 갖춰져 있다. 제대로 소명하지 못하면 증여세와 연체료를 납부해야 한다.

우리가 일상생활을 하는 데 돈이 어떻게 나가고 어떤 용도로 사용했는지, 통장 내역을 잘 관리해야 한다. 국세청의 자금 소명 요구는 5~7년 뒤에 나온다. 10년 전 범위 안에서 소명해야 한다. 대부분 몇 개월만 지나도 자금이 어디로 갔는지 기억을 잘 못 한다. 은행에 이체할 때 메모장에 명확히 자료를 남기는 습관을 들여야 한다. 매월 나가는 것 외에 큰 금액 위주로 자료를 미리 준비해야 한다. 국세청의 소명 요구에 대해서 준비를 해야 한다. 회사 일도 바쁜 와중에 국세청에서 소명하라고 하면 어떻게 대응해야 할지 모른다. 세무사에게 문의를 해도 기본적으로 소명은 자신이 해야 하기 때문이다. 그때부터 마음이 불안해지기 시작한다.

<표 6-2> 자금 조달 계획서 기재 항목별 증빙 자료

항목별		증빙 자료
자기 자금	금융기관 예금액	예금 잔액 증명서 등
	주식·채권 매각 대금	주식 거래 내역서, 잔고 증명서 등
	증여·상속	증여·상속세 신고서, 납세 증명서 등
	현금 등 그 밖의 자금	소득 금액 증명원, 근로 소득 원천 징수 영수증 등 소득 증빙 서류
	부동산 처분 대금 등	부동산 매매 계약서, 부동산 임대차 계약서 등
차입금 등	금융기관 대출액 합계	금융 거래 확인서, 부채 증명서, 금융기관 대출 신청서 등
	임대 보증금 등	부동산 임대차 계약서
	회사 지원금·사채 등 또는 그 밖의 차입금	금전 차용을 증빙할 수 있는 서류 등

출처: 국토교통부

부동산은 세금이 아주 복잡하다. 정부 정책에 따라 세금이 달라진다. 또한 부동산 관련 세금이 자주 바뀐다. 부동산은 세금이 중요하다. 그래서 부동산 세금에 대한 관심이 뜨겁다. 세금을 소홀히 하면 모든 노력은 수포로 돌아간다. 부동산 세금과 관련해 세무사와 상담해야 한다. 내 집을 마련하거나 팔기 전에 미리 세무사의 도움을 받으면 합법적으로 세금을 줄일 수 있다.

투자할 때 반드시 알아야 할 것들

아파트를 살 때
확인해야 할 사항이 있다

아파트를 살 때 반드시 확인해야 할 사항이 있다. 아파트 계약 후에 잔금을 치르면 돌이킬 수가 없다. 계약금을 입금하기 전에 수많은 것을 확인해야 한다. 스스로 점검해야 할 사항은 꼼꼼히 점검을 해야 한다. 내 집 마련을 하는 것은 한평생 모든 큰돈이 오가는 아주 중요한 일이다.

공인중개사들은 어떻게 해서든 계약을 성사시키려 노력한다. 중개사들도 수수료를 받아 먹고살기 때문이다. 중개사들은 양쪽 중간에서 역할을 하는 중개자이기 때문에 양쪽을 동시에 만족을 시켜야 한다. 매도자는 좀더 비싼 금액에 팔고 싶을 것이고, 반면에 매수자는 집값을 깎으려고 할 것이다.

아파트를 매매할 때와 전월세를 계약할 때 확인해야 할 사항이 많다. 계약을 하다 보면 빠뜨리는 것들이 있다. 집을 보러 갈 때 반드시 수첩과 체크리스트를 들고 가면 좋다. 그리고 사진을 찍을 때는 집주인에게 먼저 허락을 받고 찍는 것이 좋다. 이 집에 대한 장점과 단점을 기록해야 한다. 집 보는 시간은 길어야 20~30분이다. 또한 여러 집을 보다 보면 기록을 안 하면 헷갈릴 수 있다. 집을 꼼꼼히 보면 실수를 줄일 수 있다.

아파트를 보러 가기 전에 국토부 실거래가를 확인해야 한다. 매물이 적정한 가격인지 미리 파악해둘 필요가 있다. 그리고 현재 것만 보면 안 된다. 그 아파트의 이력이 다 나와 있을 것이다. 처음 거래된 분양가가 얼마인지부터 보면 된다. 실거래가와 전월세 가격을 과거 실거래가부터 모두 살피는 것이 좋다.

손품을 팔고, 그 지역에 있는 부동산 자료 수집을 많이 하면 할수록 좋다. 인터넷에는 실제 아파트 매물이 나와 있는 지역의 시세도 파악할 수 있다. 그리고 구글 지도, 다음지도, 호갱노노 지도를 보면 전체적인 윤곽이 나온다. 해당 지역에 대해 미리 공부하고 실제 현장에 가서 여러 공인중개사를 만나서 이야기해보면 전체적으로 파악이 가능하다. 다만 시간이 많이 걸린다. 미리 정보를 수집하는 것이 유리하다. 지도를 보고 주변에 유해 시설이 있는지 없는지 살피고, 왜 이 지역은 지속적으로 가격이 오르는지, 혹은 보합인지 등 정보를 수집하다 보면 알 수 있다.

공인중개사 사무실에 가면 가급적이면 입을 다물고 경청해야 한다. 자신이 많이 알고 있다고 해서 많은 이야기를 해서는 안 된다. 듣는 자세가 중요하다. 공인중개사가 이야기를 할 때 자신이 하고 싶은 말을 쉴 새 없이 하거나 중간에 이야기를 끊어서는 안 된다. 오히려 공인중개사가 더 많은 말을 할 수 있도록 유도해야 한다. 공인중개사는 그 지역의 다양한 정보, 즉 살아 있는 정보를 알고 있다.

타이밍 또한 중요하다. 집을 꼼꼼히 보고 하나하나 트집을 잡으면 계약할 수 있는 확률이 떨어진다. 부동산이 완전히 죽어 있는 상태면 괜찮다. 바닥을 찍고 거래량이 많고 아파트 가격이 상승하기 시작하면 꼼꼼하게 보되, 계약할 수 있으면 계약해야 한다. 다른 매수자들도 많기 때문에 너무 까다롭게 하면 계약이 성사되기가 어렵다.

아파트 내부를 볼 때는 항상 내부 천장과 벽면을 유심히 살펴야 한다. 누수 흔적이 없는지, 곰팡이가 있는지 확인해야 한다. 집 내부에 곰팡이가 있으면 좋지 않다. 특히 어린아이들의 호흡기에 좋지 않다. 세면대와 욕실 등 물을 틀어보고 수압이 괜찮은지, 변기도 물이 잘 흘러가는지 확인해야 한다. 내부 구조와 시설을 확인하고 천장고, 수납고, 난방 방식, 조망, 엘리베이터 내부 구조 등을 확인한다.

아파트 내부 구조를 볼 때 문을 한 번씩 열었다 닫았다 해보는 것이 좋다. 문이 잘 열리는지, 문을 닫고 잠금 장치가 잘 되는지 확인하면 좋다. 그리고 수납장과 부엌 싱크대 서랍, 화장대 등을 전부 다 열고 닫아 확인하면 좋다.

욕실 크기와 세면대가 우리 가족이 사용하기에 적합한지 확인해야 한다. 식구가 4명이면 욕실이 2개가 있어야 번잡하지 않고 편하다. 환풍기가 잘 돌아가는지, 역류를 통해 냄새가 나지 않는지 확인해야 한다. 주방 또한 중요하다. 싱크대 상판, 조리 공간은 넓은지, 수납공간 등도 확인해야 한다. 욕실과 싱크대는 여자들이 중점적으로 보는 곳이다. 욕실과 싱크대가 여자들의 마음에 들면 그 집은 계약될 확률이 높아진다.

집 내부만 유심히 보면 놓치는 것이 많다. 집은 햇빛, 즉 일조량이 중요하다. 현관문을 열고 들어가면 가장 먼저 확인할 것은 채광과 향이다. 남향집은 북동향집보다 비싸다. 남향집이 일조량이 좋고 겨울철에 따뜻하다. 햇빛이 풍부하게 들어오면 건강에도 좋고, 빨래가 잘 마른다. 어두우면 낮에도 등을 켜야 할 상황이 발생할 수 있다.

햇빛이 들어오는 것을 방해하는 동 간격이 적당한지, 가리는 건물은 없는지, 또한 큰 나무가 일조량을 방해하는지 살펴야 한다. 저층 같은 경우에는 나무들이 많이 심어져 있다. 나무 종류에 따라 일조량 여부가 달라진다. 활엽수인지 침엽수인지 확인해야 한다. 활엽수는 겨울이 되면 잎이 다 떨어져 없어지는 반면에 침엽수는 잎이 그대로 있다.

집안에 들어오는 채광과 일조량을 보고 나면 베란다에 가서 주변 전망을 살피고, 소음 여부도 확인해야 한다. 바람(공기 순환)이 잘 통하는지도 확인해야 한다. 도로변 근처 아파트라면 녹지 공간이 충분히 있는지 확인해야 한다. 왜냐하면 자동차 소음과 먼지를 확인해야 하기 때문이다. 도로변에서 가까우면 사생활 침해가 우려된다.

이사할 때 가장 신경 써야 할 부분은 사이즈와 배치 간격이

287

다. 아파트 내부 크기가 크면 문제가 없다. 가구와 TV, 냉장고, 세탁기 등 사이즈를 미리 확인해야 한다. 이사 후에 가전제품과 가구가 들어가지 않는다면 난감해진다. 고가의 가전제품과 가구를 다시 구입해야 하는 최악의 상황이 발생할 수 있다. 그래서 항상 체크를 해야 한다.

층간소음 여부도 반드시 확인해야 한다. 층간소음 때문에 주민들과 다툼이 없는지 경비실에 한번 문의해보는 것도 좋다. 경비원들은 나이가 지긋한 어르신들이 대부분이다. 이들 마음을 훔쳐야한다. 조그만 선물이나 먹을거리 등을 드리면 아파트의 장단점에 대해 설명해준다. 이때 층간소음에 대해서도 정보를 얻을 수 있다.

진짜 계약할 집이라면 윗집, 아랫집에 누가 거주하는지도 확인해야 한다. 신경이 날카로운 사람이 아랫집에 살면 피곤해질 수 있다. 그리고 요즘 짓는 아파트는 층간소음에 대한 시공을 철저히하고 있기 때문에 큰 문제는 없지만, 구축 아파트를 매입할 때는이것을 유념해야 한다. 층간소음이 잦은 아파트는 멀리할 필요가있다. 아랫집, 윗집 등 이웃 간 사이가 좋아야 서로 스트레스 받지않고 편안하게 살 수 있기 때문이다.

주차장이 넉넉한지도 확인해야 한다. 주차장은 저녁에 와서확인하면 가장 좋다. 퇴근하고 집에 돌아와 주차장에 차를 주차하기 때문이다. 저녁에 주차장 곳곳에 빈 자리가 있으면 주차에 대한 스트레스는 없어지는 것이다. 어딜 가더라도 주차하기 힘든 건물은 가기가 싫어진다. 주차 스트레스가 이만저만이 아니기 때문이다. 건물에 도착하면 편안한 자리에 언제든 주차할 수 있는 공간

<표 6-3> 체크 리스트

1. 외부
□ 아파트 입구 출입이 편리한가?
□ 주차장은 충분한가?
□ 엘리베이터는 깨끗하게 관리되고 있는가?
2. 입구, 복도
□ 유모차 이동이 자유로운가?
□ 복도식 구조일 경우, 복도 새시가 있는가?
3. 현관, 신발장
□ 현관문은 상태가 양호한가?
□ 신발장은 수납을 충분히 할 정도로 넉넉한가? 키 큰 신발장인가?
4. 거실
□ 전등을 껐을 때도 햇빛이 잘 드는가?
□ 밖에 집 안을 가리는 건물이나 나무가 있는가?
□ 창문을 열었을 때, 매연이나 주변 소음이 들어오지 않는가?
□ TV와 소파를 놓을 공간은 어디인가?
5. 방
□ 안방은 3m(10자) 옷장이 들어갈 수 있는 크기인가?
□ 침대 위치나 크기가 방에 적당한가?
□ 작은 방에는 옷장, 컴퓨터 책상이 들어가는가?
□ 옷장 뒤편에 곰팡이는 없는가?
6. 새시
□ 새시 문은 잘 여닫히는가?
□ 방 새시는 이중으로 되어 있는가? 새시의 재질은 적합한가?
□ 베란다 새시는 양호한가?
□ 보일러실 새시는 환기구와 겹치는 부분이 잘 마무리되었는가?
7. 베란다, 다용도실, 보일러실
□ 세탁기 위치, 크기, 상하수도 설비가 양호한가? 수납장은 충분한가?
□ 확장된 곳의 바닥 난방은 되는가? 결로, 곰팡이, 누수가 있지 않는가?
□ 보일러 연식이 10년이 넘었는가?

투자할 때 반드시 알아야 할 것들

8. 주방
☐ 싱크대 크기, 수납공간은 적당한가?
☐ 후드는 잘 작동되는가?
☐ 수압은 적당한가?
☐ 냉장고 자리, 크기, 콘센트는 적당한 위치에 있는가?
☐ 식탁을 놓을 공간은 있는가?
9. 욕실
☐ 욕조가 있는가?
☐ 세면대, 변기 상태는 양호한가?
☐ 환풍기는 잘 작동되는가?
10. 층간소음
☐ 층간소음이 심한가?

확보가 아주 중요하다. 세대 수와 주차 대수를 확인해야 한다. 세대당 1대 이상 확보되어야 한다.

 하나씩 꼼꼼히 체크를 하고, 여러 집을 반복적으로 보면 집을 보는 눈이 생긴다. 잘 고른 집은 또한 팔기도 쉽다. 구축 아파트는 사기는 쉽다. 그러나 팔기가 어렵다. 그리고 집을 많이 볼수록 아파트끼리 비교 평가도 가능하다. 집은 우리 생활과 아주 밀접한 관계가 있다. 집은 매일 우리가 몸담는 곳이라 편안해야 건강을 유지할 수 있다. 집은 편안하게 쉴 수 있는 공간이다.

부동산 담보 대출은
이자 연체가 되지 않아야 한다

대부분 사람들은 내 집을 마련할 때 은행에서 대출을 받는다. 은행을 적절하게 활용해야 한다. 부동산 투자에서는 레버리지도 중요하다. 신용 관리를 평소에 철저히 해야 한다. 신용 관리를 못하면 돈이 필요할 때 은행 대출을 이용할 수가 없다. 직장인들은 신용대출과 마이너스통장 등이 있다. 급전이 필요할 때를 대비해 평상시 신용 관리를 잘 관리해야 한다. 신용 등급을 올리면 손쉽게 이용할 수 있다.

신용 관리를 잘못한다면 제2금융권이나 보험사 쪽으로 갈 수 있다. 신용은 서로 약속이다. 약속만큼 중요한 것이 또 어디에 있겠는가? 열심히 신용 점수와 등급을 올려야 한다. 신용 등급이 올라갈수록 싼 금리를 이용할 수 있다. 연체를 무시했다가 큰일 난다. 연체가 있는 것은 적은 금액부터 하나씩 정리해나가야 한다.

투자할 때 반드시 알아야 할 것들

<표 6-4> 개인 신용 등급 관리 팁 5가지

구분	신용 평점 증가 점수	관리 요령
통신비, 전기 요금 등 성실 납부	최소 1점~최대 17점	휴대전화 요금, 건강보험료, 국민연금, 전기·가스 요금을 6개월 이상 성실 납부 실적표 제출
서민 금융 대출 이자 성실 납부	최소 5점~최대 13점	미소금융, 햇살론, 새희망홀씨, 바꿔드림론 등을 1년 이상 성실 납부하거나 대출 원금을 50% 이상 상환한 경우(실적표 제출 불필요)
학자금 대출 성실 납부	최소 5점~최대 45점	연체 없이 1년 이상 성실 상환(상환 기록 제출 불필요)
체크카드 연체 없이 사용	최소 4점~최대 40점	매달 30만 원씩 6개월 사용, 6~12개월을 지속적으로 사용
재창업 자금 지원받은 중소기업	최소 10점~최대 20점	사업 실패 후 중소기업진흥공단에서 재창업 자금을 지원받은 경우(단, 연체 중이거나 다중 채무자, 신용카드 현금서비스 이용자 제외)

출처: 금융감독원

의외로 신용 관리를 잘못하는 사례가 많다. 신용 등급은 중요하다. 〈표 6-4〉는 금융감독원에서 제공한 개인 신용 등급 관리 팁 5가지다. 신용 관리를 소홀히 해서는 안 된다. 개인 신용 등급이 낮다면 등급을 업그레이드할 수 있는 방법들이 있으니 이것을 잘 활용해보자.

휴대전화 요금, 건강보험료, 국민연금, 전기·가스 요금을 6개월 이상 성실 납부한 실적표를 제출하면 된다. 신용 평점 점수는 최소 1점에서 최대 17점까지 올릴 수 있다. 공과금 등을 자동이체로 등록하거나 요즘은 신용카드 결제가 가능하다. 한곳으로 집중할 필요가 있다. 현금이 부족하다면 신용카드로 자동이체하면 된다.

신용카드로 관리하면 결제 여부를 수시로 확인할 수 있고, 한 달에 한 번 신용카드 명세서가 날아올 때 확인하면 된다. 공과금을 하나씩 메모하고 통장 이체를 관리하면 잔액이 없을 수도 있다. 신용카드로 관리하면 여러 번 관리하는 효과가 있다.

미소금융, 햇살론, 새희망홀씨, 바꿔드림론 등을 1년 이상 성실 납부하거나, 대출 원금을 50% 이상 상환한 경우에 신용 등급 점수를 받을 수 있다.

학자금 대출을 연체 없이 1년 이상 성실하게 상환하면 신용 점수를 올릴 수 있다. 체크카드는 매달 30만 원씩 6~12개월을 지속적으로 사용해야 한다.

대출금 상환 방식에는 원금 균등 상환元金均等償還 방식과 원리금 균등 상환元利金均等償還 방식이 있다. 각각 장단점이 있다. 어느 것이 좋다 나쁘다고 할 수는 없다. 자금 사정과 경제적 여건을 고려해 자신에게 유리한 방향으로 설정하면 된다.

원금 균등 상환 방식은 원금 상환금은 일정하나 이자는 시간이 지남에 따라 적어지게 된다. 갚아나가면서 융자 잔액이 줄어들기 때문이다. 따라서 원금 균등 상환 방식은 초기에 월부금이 많이 지급되고 후기에는 점차 줄어들게 된다. 시중 은행의 장기 주택 담보 대출 상품에서 많이 쓰이며, 변경된 일부 분할 상환 방식과 같이 쓰인다.

투자할 때 반드시 알아야 할 것들

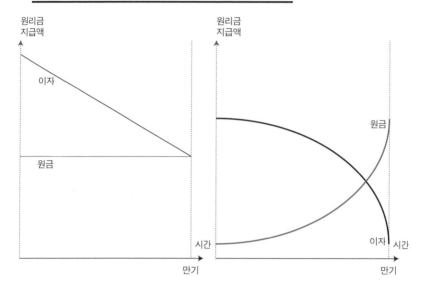

<그림 6-1> 원금 균등 상환 방식과 원리금 균등 상환 방식

　　원리금 균등 상환 방식은 초기에는 원금이 많이 남아 있으므로 이자를 많이 지급해야 하나 상환할수록 원금이 줄어들게 되므로 이자도 점차 줄어든다. 따라서 후기로 갈수록 이자 부담은 적어지나 원금 상환 비중은 커지는 결과가 된다.

　　대출은 은행마다 다르다. 은행을 가급적 많이 알아보면 알게 될 것이다. 담보 대출을 많이 받다 보면 각 은행의 특성을 알 수 있다. 안전만 추구하는 은행이 있는 반면에 파격 할인 행사처럼 금리를 싸게 하여 특판 출시하는 은행들도 있다. 그리고 제2금융권은 제1금융권보다 대출을 많이 해준다. 단점은 금리가 좀 비싸다는 점이다.

　　그럼에도 상환 기간을 3년마다 갱신하는 경우가 많아 3년마다 은행에 가야 하는 번거로움이 있다. 투자자가 아니라면 이런 방법은 추천하고 싶지 않다. 투자자들은 제2금융권부터 보험금융권까지 다양하게 대출을 받는다. 은행보다 덜 까다롭고 대출이 원활하게 잘 나온다.

상환 기간은 가급적 길게 가져가는 것이 좋다. 대출은 자산을 형성하는 데 중요한 역할을 한다. 자금 여력을 넘어서는 금액은 은행을 이용하는 것이 훨씬 이익이다. 내 집 마련을 했느냐 안 했느냐에 따라 10년 뒤에 엄청난 자산의 격차가 벌어진다. 대출 이자가 무서워서 대출을 받지 않는다면 돈 공부가 제대로 되지 않은 것이다.

어차피 전세자금 대출 이자라든지 월세 이자라든지 주거비용은 발생한다. 세금이 두려워서 못 한다는 것은 어리석은 일이다. 남의 집에 전세자금 대출 이자와 월세 이자를 주는 것보다 내 집을 마련하고 은행에 이자를 주는 것이 훨씬 경제적이다. 내 집이어야 남의 눈치를 보지 않고 안정적으로 살 수 있다.

담보 대출을 받으면, 원금과 이자를 같이 갚아나간다. 이렇게 생각해보자. 매월 적금을 든다고 생각하면 된다. 생각의 전환이 필요하다. 대출 원금을 매월 갚아나가면 시간이 지날수록 줄어든다. 대출 원금이 줄어들면 이자 부담도 함께 줄어든다. 정기적금보다 훨씬 이익이다. 정기적금은 이자가 쥐꼬리만 하다.

최근 시중에 유동성 자금이 많이 풀려 돌아다닌다. 유동성 자금이 많으면 인플레이션 위험이 있기에 현재 내가 가지고 있는 돈을 방어하지 못한다. 그러나 아파트 담보 대출은 내 집이 있다는 증거다. 아파트 가격은 중간에 가격 파동을 겪지만 결국에 올라가

295

투자할 때 반드시 알아야 할 것들

는 구조이기 때문이다. 대출을 무서워하지 말고 적절하게 활용하면 좋다. 대출을 부정적으로 생각하지 말자. 대출은 어떻게 보면 경제적 순환 구조다.

참고문헌

구　짱, 『연봉 3천 구 과장은 어떻게 월급만으로 부동산 투자를 했을까?』, 원앤원북스,
　　　2019년.

김기원, 『빅데이터 부동산 투자』, 다산북스, 2018년.

김민규, 『돈이 없을수록 서울의 아파트를 사라』, 위즈덤하우스, 2017년.

김수현, 『부동산 투자, 흐름이 정답이다』, 한국경제신문i, 2018년.

김재수, 『10년 동안 적금밖에 모르던 39세 김 과장은 어떻게 1년 만에 부동산 천재가 됐
　　　을까?』, 비즈니스북스, 2018년.

김준영, 『부동산 투자 인사이트』, 매일경제신문사, 2019년.

김학렬, 『대한민국 부동산 투자』, 엘에이치코리아, 2017년.

──, 『지금도 사야 할 아파트는 있다』, 알에이치코리아, 2019년.

민경남, 『지금부터 부동산 투자해도 부자가 될 수 있다』, 위즈덤하우스, 2018년.

승　호, 『평범한 29세 직장인은 어떻게 3년 만에 아파트 10채의 주인이 됐을까?』, 메이
　　　트북스, 2019년.

신준섭, 『아파트 언제 어디를 살까요』, 아라크네, 2018년.

이광수, 『서울 부동산 경험치 못한 위기가 온다』, 매일경제신문사, 2019년.

이재국, 『반지하에서 반포 아파트 입성하기』, 메이트북스, 2018년.

이현철, 『전세가를 알면 부동산 투자가 보인다』, 매일경제신문사, 2018년.

장인석, 『탐나는 부동산 어디 없나요?』, 북오션, 2018년.

장희순·방경식, 『부동산 용어사전』, 부동산연구사, 2014년.

채상욱, 『다시 부동산을 생각한다』, 라이프런, 2019년.

──, 『돈 되는 아파트 돈 안 되는 아파트』, 위즈덤하우스, 2017년.

──, 『오를 지역만 짚어주는 부동산 투자 전략』, 위즈덤하우스, 2018년.

카스파파, 『난생처음 내 아파트 갖기』, 매일경제신문사, 2019년.

한종수·강희용, 『강남의 탄생』, 미지북스, 2016년.

돈이 되는 서울 아파트, 지금 당장 사라
ⓒ 김태현, 2020

초판 1쇄 2020년 7월 31일 찍음
초판 1쇄 2020년 8월 7일 펴냄

지은이 | 김태현
펴낸이 | 이태준

기획·편집 | 박상문, 박효주, 김환표
디자인 | 최진영, 홍성권
관리 | 최수향
인쇄·제본 | 제일프린테크

펴낸곳 | 북카라반
출판등록 | 제17-332호 2002년 10월 18일

주소 | (04037) 서울시 마포구 양화로7길 6-16 서교제일빌딩 3층
전화 | 02-325-6364
팩스 | 02-474-1413
www.inmul.co.kr | cntbooks@gmail.com

ISBN 979-11-6005-089-9 03320
값 15,000원

이 도서의 국립중앙도서관 출판시도서목록(CIP)은 서지정보유통지원시스템 홈페이지
(http://seoji.nl.go.kr)와 국가자료공동목록시스템(http://www.nl.go.kr/kolisnet)에서
이용하실 수 있습니다. (CIP제어번호: CIP2020031044)